怪談最恐戦2019

怪談最恐戦実行委員会／編

竹書房
怪談
文庫

日本で一番怖い怪談を語るのは誰なのか⁉
それを決めるのが「怪談最恐戦」である。

プロ・アマ問わず日本全国から怪談の語り手を公募し開催されるこの大会は、今回から優勝賞金が百万円となり、名実ともに史上最大規模の怪談コンテストになった。

過酷な怪談バトルを制し「怪談最恐位２０１９」の称号、そして優勝賞金百万円を手にするのはいったい誰なのか⁉

昨今の怪談ブームにも後押しされ今回は総勢四十八名が出場。東京予選会、大阪予選会、ファイナルの三大会は満員の客席中、選ばれた精鋭たちによる激闘が繰り広げられた。

本書ではその熱戦の様子を伝えるべく、語られた怪談を抜粋してお届けする。

怖くて面白い怪談を読みたい、見たい、聞きたい、という声に応えるように、近年色々な場所で〈怪談〉が生まれている。心霊現場ルポであったり、または語りや朗読であったり、そのスタイルも様々である。

そんな新しい〈怪談〉がYouTubeをはじめとする配信メディアから、毎日のように世に流れていく。

また怪談イベントも毎週全国各地で開催され、盛り上がりを見せている。映画『犬鳴村』のヒットも大きな話題となった。

これからも、より面白くて怖い〈怪談〉を読みたい、見たい、聞きたい、という声に応えていけるよう、さあ、ここで「怪談最恐戦」から生まれた、新しい〈怪談〉をまずは愉しんでいただきたい。

紙幅の関係で、大会出場者のみ、氏名をここに記す。

一般公募いただいた方々、また会場に足をお運びいただいた皆様、配信でご覧・ご参加いただいた皆様、すべての参加者・関係者・スタッフに心よりお礼を申し上げる。

出場者：あこうテック／五十嵐文香／石野桜子／一条ま～太郎／壱夜／いつでも丑三つ時／伊藤太一（ランドスネイル）／異聞亭一人／伊山亮吉／卯ちり／大島てる／木場知徳（大仰天）／おがぴー／思ひで／ガンジー横須賀／神原リカ／鏡太郎／旭堂南湖／敬志／下駄華緒／Ｃｏｃｏ／五島麻依子（大吟醸）／ごまだんご／小森／ゴル／さきぽん／さたなきあ／シークエンスはやとも／匠平／田中俊行／ダブルアート真べぇ／チビル松村／南条／Ｂｕｇって花井／濱　幸成／ひと巫女／Ｂｉｌｌｙ／星野戦慄／本田あやの（本田兄弟）／真白　圭／マリブル／やまげら／夜馬裕／悠遠かなた／よろづき／りっきぃ／ロッテンダシャカ谷／わた・るぅー（五十音順）

審査員：長尾健太郎（ドワンゴ）／三好和也（ちゅるんカンパニー）／小林タクオ（ロフトプラスワンＷＥＳＴ）／会場のみなさん／ネット投票のみなさん／ＭＣ：住倉カオス

怪談最恐戦実行委員会

目次

第3章 ファイナル第1ステージ 67

第5章 怪談最恐戦投稿部門 185

第1章
東京予選会

2019年11月1日 @ スペースY

怪談コンテストでは史上最多の参加となる総勢32名がエントリー。A～Hブロックから1名が勝ち抜く形式で、ごまだんご、小森、田中俊行、悠遠かなた、夜馬裕、鏡太郎、匠平、シークエンスはやともの8名がファイナルへ駒を進めた。

【エントリー選手】★は予選突破者

Aブロック：真白圭／敬志／ごまだんご★／南条

Bブロック：さきぽん／あこうテック／小森★／ガンジー横須賀

Cブロック：やまげら／卯ちり／田中俊行★／いつでも丑三つ時

Dブロック：ひと巫女／大島てる／マリブル／悠遠かなた★

Eブロック：伊山亮吉／木場知徳（大仰天）／五島麻依子（大吟醸）／夜馬裕★

Fブロック：チビル松村／思ひで／鏡太郎★／わた・るぅー

Gブロック：本田あやの（本田兄弟）／りっきぃ／匠平★／一条ま〜太郎

Hブロック：よろづき／伊藤太一（ランドスネイル）／五十嵐文香／シークエンスはやとも★

山のひと

ごまだんご

この話は、僕の友達のAさんから聞いた話です。

このAさんというのは登山が趣味の方で、その日も、関西のとある山へ登山をしに行ったんです。

すれ違う人たちに「こんにちは」と、挨拶をしながら登っていたんですが、なんせAさんは人見知りなもので、だんだんと地面に向かって「こんにちは、こんにちは」と言うように、顔を上げずにうつむきながら歩いていました。

そうしたらある時、空気がプツッと一変しまして「なんだ？」と顔を上げて周囲を見回すと、広い山の道の中にAさんは一人ぼっちになっていた。

あれ？　さっきまで話し声もしていたし、足音も聞こえていた。なのに、周囲に誰もいなくなっている。

これはちょっと変だなと思い、引き返そうとパッと後ろを振り返ろうとした瞬間。

山の道の上の方から、
タターン、タターン、タターン、タターン
と足音が聞こえてきた。

変な足音だなぁと思って見上げたところ、いきなり横で〈タターン〉という足音とともに、

「こんにちわぁ」

と声が耳元で聞こえた。

「うわっ」とAさんはびっくりした。さっきの音の距離から考えて、すぐ横で音がするなんて、瞬間移動をしたのかと思った。

でもAさん、ちょっと安心したんです。というのも「よかった！　自分以外にも人がいたんだ」と思ったんです。

だから顔を上げて「こんにちは」と返したものの、相手を見て、うっと、またびっくりした。その人は女性で、花柄のTシャツを着てズボンを穿いている。

しかし、ショートカットなのに前髪が異様に長くて顔が見えない。おかしな点はま

だある。両腕を、肩とまったく同じ高さまで、横に広げて上げているんです、ちょうど「T」の字のように。

その状態で正面にいるAさんに向かって「こんにちわぁ」って言っている。

なんだこの人、不気味だなあ、と思ったけれど「こんにちは」とまた返した。

すると、その人は満足をしたのか、Aさんの横を抜けて下に向かう。

〈タターン、タターン、タターン〉と音が遠くなっていく。

なんだったんだろうあの人、と振り返ったところ――

その人、Tの字のように横に両腕を伸ばしたまま、右足を折り曲げて上げた片足状態になっていて、首は左に傾いでいる。

その状態で髪を振り乱しながら、片足で山の斜面を〈タターン、タターン、タターン〉と下りていく。

ううわ、めちゃくちゃ不気味なものを見てしまった！

山の中の道には誰もいない。その人しかいない。

登山仲間から「山では不思議な体験をするよ」とは、Aさんもたくさん聞いていたんです。でも、まさか自分が体験するとは思っていなかった。

これは早く山を下りた方がいいなと思って、駆け足で行こうと思ったんです。

よし行くぞ！　思った時、今度は正面から〈タターン、タターン、タターン〉と足音が聞こえた。

「え？」と思った瞬間、真横から「こんにちわぁ」と耳元に声が聞こえる。

また瞬間移動してきたんです。これは人間じゃないな、と思った。

そして、どうやらそれは喜んでいるんですね。それは最初に、自分が挨拶を返してしまったことによって、喜んでついてきているのだと思った。

それなら、と今度は挨拶を返さずに、一気に駆け出した。

怖い怖いと、思いながら走る。そしてその間もずっと〈タターン、タターン、タターン〉と音がすぐそばをついてくる。ずーっとついてくる。

地面だけを見てひたすら駆けて、そのまま十分ぐらいが経過した。

後半の五分ぐらいは「こんにちは」の声もしなければ、足音もしてこなかった。

よかった！　これは撒けたのかなと思ったので、立ち止まった。

そして顔を上げた瞬間――。

Ａさんのすぐ目の前に、黒い何かがあったんです。

なんだこれ、と思ったら、それは髪の毛だった。

髪の毛？　と思った瞬間に、横から風がサーって吹いてきて、その髪の毛がふわーと横になびいた。そうしたら——

「こんにちわぁ」

満面の笑みの女性の顔がそこにあった。

あ、これ、ずっと走っている自分の真正面にいて、ついてきていたんだ。そう思いいたった途端、一気に怖くなってきた。

その場で念仏を唱えながら、うずくまってしまった。

しばらくすると空気がプツッと変わり、顔を上げると元いた道に戻っていたという。

Ａさんいわく、それは今でもその山で、登山者に向かって挨拶をして、そしてついていっているのかなと言っていました。

ネット配信の空間から舞い降りたごまだんご。

上階の女の子

小森

この話、Ａさんという男性の方が体験したお話です。

Ａさんはマンションに一人暮らしで、その時欠かさずに楽しみでしていたというのが、八階の自分の部屋のベランダで夜風に当たりながらタバコを吸うということでした。

その夜もＡさん、一服していました。

すると上のベランダから〈ペタッペタッ〉と足音がする。

あ、誰かいるのかなと思って、なんとなく上を見上げたら、角度でちょっとしか見えないんですけど、男の人の頭が見えたんですね。

そういえば九階は、お父さんとお子さんの二人暮らし、父子家庭だって聞いたような気がする。どうやら上にいる人は、そのお父さんの方だ。

名前を確か——町田さんといったはず。

ただ、その町田さん、なにをしているわけでもなく、手すりから顔を出し外をボーッと見ているだけなんです。なんとなく気になって「町田さん、何してるんですか？」と下から声をかけた。

返事がない。ただしばらく経つと、町田さんの方からこんなことを言い始めた。

「疲れました。あの子、いっつもわがままばっかり。私もちゃんとしつけてますよ。でも言うこと聞かないから、いっつも手ェ出しちゃうんですよね。今日、ついにやってしまいました。もう私にあの子は育てられません。Aさん、うちの娘、見てくれませんか？」

Aさん、それを聞いて「はあ？」と思った。

「え？　なんなんですか、町田さん」

そう言ったら、町田さん、何も言わずにスッとベランダから引っ込んでしまった。

その瞬間、ピンポン！　Aさんの部屋のインターホンが鳴ったのがガラス越しに聞こえた。

あれ、誰か来たと思って、ベランダから部屋の中を見ると、「うちの娘見てくれませんか」と町田さんの声がする。

今さっきベランダで話をして五秒も経っていない。

えっ？　と思ってもう一回ベランダ見上げてみるんですけど、確かにそこには町田さんはいない。

あれ、なんだろうと思いながら、ベランダから部屋に入ろうとした瞬間、

（あ、これは開けちゃだめだ）

と思った。

というのも、Ａさんはベランダにいて、目の前には部屋が広がっていて、その先に扉があって、さらに廊下があって玄関がある。

町田さん、玄関の外じゃなくて、家の廊下にいるんです。

部屋と廊下を仕切る扉はすりガラスになっているんですが、そこに男の人のシルエットがボーッと立っているのが映りこんでいる。

当然、玄関には鍵をかけているから、入れるわけがない。

この時、Ａさん、さらにおかしなものがあると気づいた。

そのシルエットは、何か黒い塊のようなものを身体の前に持っていて、

「うちの娘、見てくれませんか？　うちの娘、見てくれませんか？」

そう言っているのが聞こえる。

うわ、どうしよう！

Ａさんがそう思う間も、町田さんは何度も何度も同じことを繰り返して、黒い塊を差し出そうとしている。

その塊には長い黒い房のようなものがついていて、動かすたびにふわっふわっと揺れる。Ａさんは、これ以上、あれを見ちゃだめだと思い、

「町田さん、すみません、今日はもうだめです、明日、明日でいいかな」

そう叫んだ。しかし、

「うちの娘、見てくれませんか？」

と男の声がする。

その時すりガラスの扉がスーッと開こうとしたのを見て、思わず大きな声を出した。

「いい加減にしてください！　出て行ってください！」

すると、その男のシルエットは、さっと消えた。

その直後、ベランダの上から、

「うちの娘、見てください。今、うちのベランダにいますから」

ベランダにいるAさんは「え?」と思って見上げた。

そこには、首だけの女の子が上からグーッとAさんのほうを覗いていた。

思わず部屋に駆け込んで、警察に電話をして、上の部屋を調べてもらいました。

九階に住む町田さん、自分の家のベランダで首を括って亡くなっていたそうです。

ただ不思議なことに、町田さんが首を括った時間は、Aさんと話していた時間よりもずっと前なんだそうです。

さらに町田さんの家の中のどこをどう調べても、娘さんなんかいなかった。

いったい、町田さんは誰と住んでいたのでしょうか?

ある怪談の余波

悠遠かなた

これは僕自身が体験した話で、二十年前の話になります。

その頃、僕はバンド活動をしていたのですが、バンドはすごくお金がかかるんですよ。もちろん楽器にもお金はかかるんですけれども、ずっと続くランニングコストというのはスタジオ代なんですね。スタジオは一時間に三千円というのはザラで、もっと高い場所もあるんですけど、だいたい三、四時間入ったりすると一人頭で二、三千円とかします。これが毎週となってくると、一ヶ月ですごいかかるんですよね。

貧乏なんで、ちょっとでも安いところを使いたい、ということで探していたら——あったんです。

他に使う人がいなくて空いていれば時間制限なく千五百円だけでいいという、ある市民会館があったんです。

ああ、ここはいい！　ということで、ずっと使っていました。

ある夏の頃、いつものように夕方からそのスタジオに入った。

市民会館ですから、大きな入口に広いエントランスとホールがある。スタジオへは二階に上って奥の方にある細い通路を渡っていく。

スタジオに入ると、いつものようにメンバーたちと「今日はどうしようか」とか「こんなのしようか、あんなのしようか」などと、しゃべりながらセッティングをしていたんですけど、いざ音を出して少しすると、ドラムの人間がバチを頭上でパンパンと叩きだした。これはみんなに「音出しを止めろ」という意味なんです。

みんなが注目して「どうした？」と訊くと、彼は「いや、あのね、ちょっとここに来て！」と、みんなをドラムのところに呼んだ。

「なになに」とそれぞれがドラムのところに行くと、スネアというドラマーの手元にある小さな太鼓があるんですが、それがバックリと割れている。

スネアは簡単に割れるものじゃないんです。しかもそれは買ってから一ヶ月も経っていない新品で「九万円か十万円するのを買ったわ」とドラムの人間は自慢してたんですよ。

それがバックリ割れている。

「なにこれ！　割れるの？　こんなもん！」

「いや、わからんけど、しょうがないし」

ということで急きょ、備え付けのセットを使うことにして、また練習を始めた。

〈ギャンギャンギャンギャン……〉

今度はギターアンプから変な音が流れ始めた。

みんなで「なんだ？」となったら、今度はベースのアンプからも異音が鳴り始めた。

あげくのはてに照明が〈チッカン、チッカン、チッカン……〉と点滅を始め――。

それでも練習をやっていた。けれども、防音室になっているスタジオの分厚い鉄の扉が〈バーンッ〉と誰かに蹴られたような音がした瞬間、みんながピタッと演奏を止めた。

楽器の音を出しているのに、その音が聞こえたんです。

それで恐る恐る、僕がその扉をガッと開けた。けれども誰もいない。

「これ、ちょっと今日はおかしくない？」

「気持ち悪いよ、今までこんなことがあった？」

「いや、ないない」

「もう帰ろう。帰ろう」

なにやら気配がおかしいということで、セッティングして一時間ちょっとで早々に帰ることにした。

そんなことがあったから、今まで思ったことはなかったのに、スタジオを出てから階段までの細い通路が妙に暗くて怖い。

「なんでだろう、なんだろう」と言いながら四人で歩く。階段からエントランスに降りると、左側の方でなにやらガヤガヤと大勢の話し声が聞こえる。

ホールでその日、なにかのイベントをやっていたようだった。

メンバーの一人が急にそちらの方へと寄っていく。「あいつ、どうした?」と思っていたら、彼が「うわっ!」と声を上げたのが聞こえた。

「これ!　これこれ!」

壁を指さして僕たちを呼ぶ。「なんだよ」とみんなで彼が指さすその先を見て「わわわわ、これは帰ろう帰ろう!」と、慌ててその場を後にしたのですが——。

そこにあったのが——

「本日の公演は稲川淳二の怪談ナイト」

と書かれたポスターだった。

しばらくして調べたんですけれど、この話は二十年前、つまり一九九九年のことなんです。

この年、稲川さんが「生き人形」の話をされて、使っていた舞台セットに纏わる話もありました。おそらくですけれども、僕たちのスタジオがあったホールのイベントでも同じセットを使っていたと思われます。

もしかしたら、その片鱗を僕らが喰らったのではないかと。

迫力の語りで聴衆を引き込む悠遠かなた。

家族石

夜馬裕

九州の酒場で出会った、竹田さんという、四十代半ばの男性から聞いた話。

竹田さんには古い付き合いの友人がおり、その友人がある日「大変なことになった、助けてくれ」という電話をしてきた。

驚いて友人の家へ行くと、彼が深刻な表情で、

「俺の家族ってさ、俺と嫁さんと五歳の娘の三人だろう？　なのに、先週から突然、子供が一人、増えたんだ」

と真顔で言ってきた。

ただ友人は、「その理由に心当たりがある」とも言う。

友人は登山が好きなのだが、先日、山へ行った時、山肌の岩壁の中にくり抜かれた小さなほらを見つけたという。中を覗き込むと、こぶし大程度のツルツルとした石が

二十個ほど並べられていた。

石の表面には、父親の「父」、母親の「母」、子供の「子」という文字がそれぞれに彫られている。

用途もわからないうえ、とにかく気味悪く感じたが、その一方で面白いものを見つけたという思いもあり、記念にひとつ、「子」と書かれた石を持って帰ってしまった。

そして一晩経ち翌朝を迎えると、彼の娘が、突然二人になっていたそうである。

顔もそっくり、喋り方もそっくり、仕草もそっくりで、まるで区別がつかない。

あまりにも驚き奥さまにそのことを話すと、「なに言ってんのよ。この子たちは生まれたときから双子じゃない」と言われた。

子供たちに聞いても「パパ、私たちずっと双子だよ」と言う。

「だけどさ、絶対にそんなはずないんだよ。でも急に一人増えたのに、俺には区別がつかない。どうすればいいかわからなくなって、お前を呼んでみた。なぁ、竹田、向こうのキッチンに座ってる子供二人、どちらが本物か、お前には区別つくか……？」

と聞かれた。

竹田さんはずっと「嫌だな……」と思っていたので、部屋に入った時からあまり喋らず黙って話を聞いていた。

友人が指さすキッチンには、娘の姿など見当たらない。キッチンの机の上に、「子」と書かれた石が二個、並べて置かれているだけである。それも当たり前、竹田さんには元から、子供などいない。結婚もしてないから、奥さまだっていないのだ。

机の上にはただ、「母」「子」と書かれた石が三つ並んでいるだけ。友人はずっとそれを指さしながら、まるで家族がいるかのように話しかけてくる。

竹田さんは心の中で、「おいおい、拾ってきた石は一個じゃなくて三個だろう……」と思ったが、怖くてとても口に出せなかった。

というのも、この家に入ってから、背の高い女と、その女に顔がそっくりの女の子が二人、友人の後ろにずっと立っているのだ。

この三人が、何も言わないまま、ジッと自分の方を睨んでくるので、竹田さん、とても生きた心地がしなかった。

いるはずのない家族の話をする友人より、いるはずのない家族が彼の後ろに立っていることが、遥かに恐ろしく感じられたのである。

それでも竹田さんは勇気を振り絞り、

「だめだ！　こんな石を持っているからよくない！　俺がどこかに捨ててきてやる！」

そう叫んで、石三つを自分のバッグに詰めると、友人が「おい、待て！」と引き止めるのも振り払い、彼の部屋から石を持ち去ろうとした。

ただ、玄関で何気なく振り返ると、さっきまで自分を睨んでいた女と子供二人が、今度は満面の笑顔を浮かべて、音もなく自分の方へと滑り寄ってくるのが見えた。

「しまった、ついてくる！」と思った竹田さん、友人の家を転げるように飛び出した。

結局、それきり友人の家には戻ることはなく、二度と友人にも会うことはなかったそうである。


竹田さんの話がそこで終わるので、私はびっくりして、

「あの、それで石はどうしたんですか？」と訊いた。

すると竹田さん、

「ああ、結局ね、捨てないでずっと持ってるよ」と言う。

「なぜです？　捨てなかったら、連れてきてしまうのでは……」そう尋ねると、

「僕、四十歳までずっと独り身で寂しかったから、家族が欲しくなったんだよね」

そう、竹田さんは笑いながら話してくれた。

酒場で出逢った竹田さんという陽気な方が、自分のお嬢さんと奥さまのことを楽しそうに話すので、奥さまとの馴れ初めを何気なく聞いたら、こんな心温まる話を聞かせていただきました。

家族って、いいものですね。

異音 アフレコ現場にて

鏡太郎

私の友達に、プロの声優さんがいます。

彼の初仕事は、洋画の吹き替えでした。

ほんのひと言ふた言、多くて三言くらいのセリフなんですけれども、人生初の大仕事ですから、彼、非常に緊張してました。

自分の目の前には何本かマイクが立っていて、自分とマイクの間を先輩の声優さんが行き交いながら、台詞を言っていく。

自分はというと、前方の上にあるモニターに表示される本編の映像と手元の台本を見比べながら、自分のセリフのタイミングを待っていた。

もうすぐ……もうすぐ自分の出番。

ドッドッドッドッドッと、心臓が高鳴ってくる。

もうすぐ……もうすぐ……もうすぐ……

今だ！

「ゴニョゴニョ……」

セリフを言おうとしたその瞬間、背後から自分に対して、何かを話しかけられた気がした。そのせいで、一瞬そちらに気が向いてしまった。

しまった！　と思った時にはもう遅かった。

隣のコントロールルーム。防音壁を隔てた向こう側から「すみません、いったん止めまーす」と、スタッフさんからのアナウンスが入った。

ああ、やっちまった——。

せっかくの初めての仕事、自分のせいで収録をストップさせてしまった。

がっかりしていると、隣からスタッフがスッと入ってきて、彼のほうに走ってくるんですね。

怒られる！　と思ったんですがそうではなかった。スタッフは彼には目もくれず、目の前にあるマイクを気にしている。

配線とか、両隣にあるマイクとの距離の兼ね合いなどを、首をひねりながら確認している。

しばらくすると、コントロールルームに戻って行く。かと思ったら、またこちらの録音ブースに戻ってきて、マイクの具合を確認する。

そういったことを何回か繰り返すんですよ。

そのうち、先輩の声優さんの一人が「なにかあったんですか?」と声をかけたら「音響トラブルです」と言っている。

機材の不調らしいのですが、原因がよくわからない。接続の問題かハウリングかはわからないけれども、なにかこう、高い音が鳴り止まなくなってしまったという。

それは、彼の目の前にあるマイクからなんです。

このスタッフがコントロールルームと行き来するたびに、隔てている防音の分厚い扉が開閉します。その度に、コントロールルームで流されている目の前のマイクから吹き込まれた音が、一瞬、録音ブースに流れ込んでくる。

キュインキュインキュインキュインキュインキュイン……。

ハウリングというより、なんだか甲高い、報知器のサイレンのような音だった。

しばらくするとその音も鳴りやんで、収録は再開された。

でも、彼の聞いた背後からの声、そしてマイクからの異音、二つの因果関係も含めて、未だに謎のままなんです。
この話をしてくださった彼が、この話をするにあたって、マイクからの異音というのを真似してくれたんですよね。
こんな感じなんですよ。

イタイイタイイタイイタイイタイいたいいたいいたいいたい痛い痛い痛い……。

痛いって叫ぶ、人間の金切り声のようだったと。

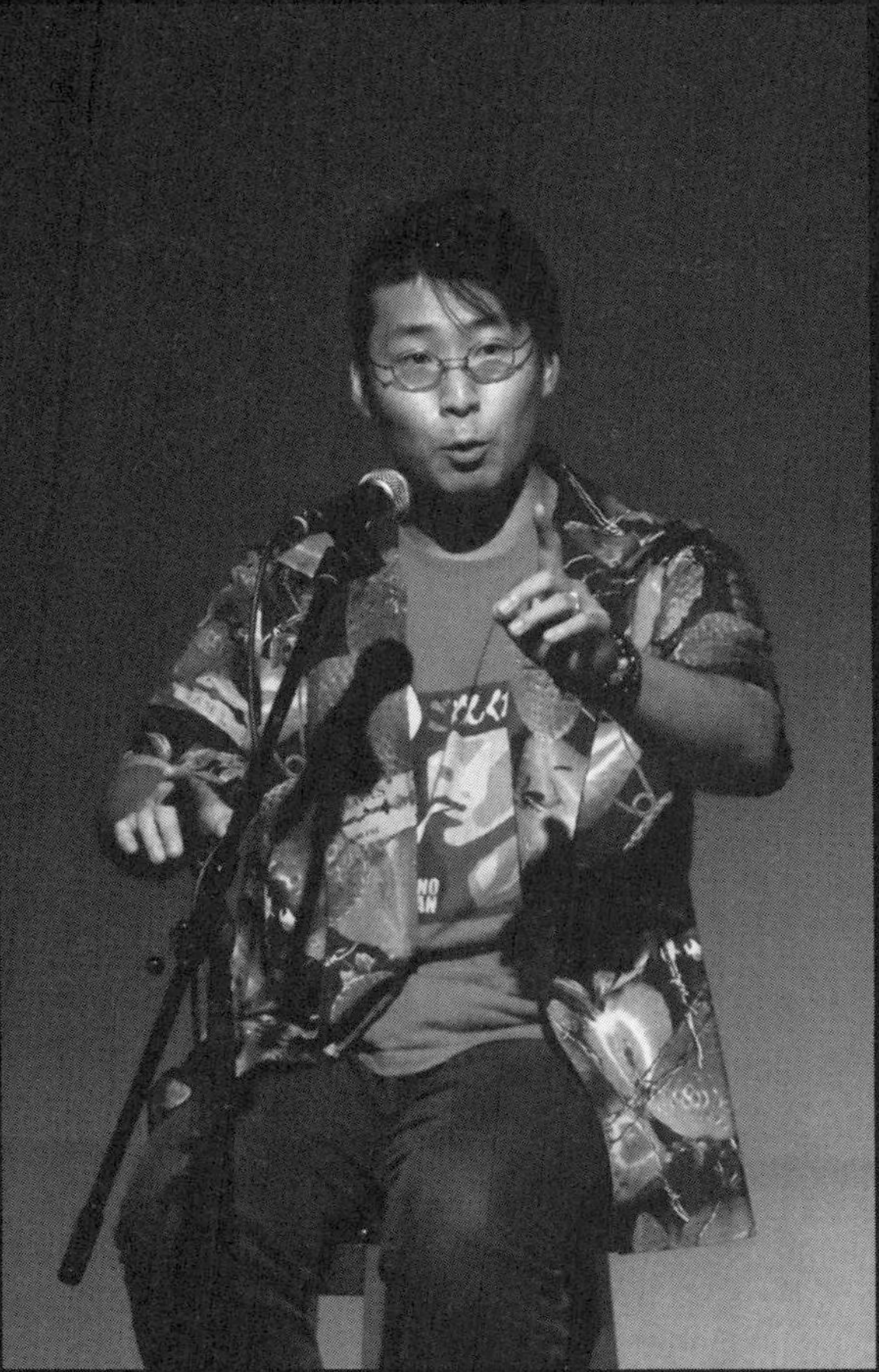

鏡太郎の美声が会場に響き渡る。

引っ越し

シークエンスはやとも

私ですね、幼少期から霊感があると言うか、おばけを見る体験がちょこちょこありまして、これは親父ゆずりなんですよ。

親父は僕より霊感があって、場合によっては幽霊と喋ったりすることもできたりして――たまに羨ましいねって言われることがあるんですけど、全然そんなことはない。

幽霊が見えてしまったからこそ、結構しんどい体験をしたことがある。

今日はそんなお話をさせていただきたいと思います。

私、東京生まれ東京育ち、東京にずっと実家があったのですけど、三年半前に実家が全焼しまして、跡形もなくなっちゃったんですよ。

残されたのが車だけ。車と、僕ら家族三人だけです。

　さすがに家がないのはしんどいなーっていうことになって、不動産屋さんに行って「敷礼金なし即入居できて家賃も極力安いところでお願いします」と言ったら、不動産屋さんに「事故物件しかないですね」と言われたんです。

　でも「オバケは見えるし、全然いてもらって大丈夫ですよ」と言って「あ、そうですか、大丈夫なんですか？」「はい、オバケは全然大丈夫です」「あーめずらしいですね、わかりました」ということで、不動産屋さんが事故物件を結構見繕ってきてくれたんですよ。「

「こんなのどうですか？」

「いいですね、早速内見させてください」

「わかりました。じゃあ、今すぐ行きましょう」

ということで、不動産屋さんの車に乗せてもらって、四人で移動したんです。

　女性の不動産屋さんだったんですけど、まずはその一件目の物件の前に来て車が止まった瞬間に、

「すいません、実は駐車場がちょっと遠いんで、先に内見しててください。鍵渡しますんで」

「わかりました、ありがとうございます」

というふうに、鍵を受け取った。二階だったんで、家族で階段上って二階の家の扉をガチャッと開けて中に入った瞬間、ものすごくいい物件だったんです。綺麗で空気も良くて、日当たりも良さそうだし。

僕ら家族三人だけど、一人一部屋以上持てるんじゃないかというほど、広かったんですね。

「これ、めちゃめちゃいいな、めっちゃいいじゃん。ここ、本当にいいんじゃない」

と言ったら、僕の親父は「うーん」と言いながら、奥の部屋の方に行くんですね。

「いいですよね、この物件」

声がしたので「え？」と思ったら、不動産屋さんだったんです。玄関から入ってきていたんです。

「いいですよね、すっごい、いいと思います」

「ですよね、よかったら、ここに決めちゃいません？」

「いや、でも一件目なので、もうちょっと見てから」

「いや、ここがいいですよ、一番いいと思いますよ、私」

「あ、キープさせてもらって、後から戻ってくるかもしれないですけど」

「いいじゃないですか、そしたら他で決まっちゃうかもしれません、ここに決めた方がいいですよ」

そんな感じで不動産屋さん、やたらとその物件をプッシュしてくるんですよ。

「いや、でもさすがに、もうちょっと見てからにして」

「絶対ここがいいですって、ここに決めた方が絶対いいですよ」

「本当に、他を見てからで、もうちょっと見て回りたいです」

「絶対、後悔します、ここに決めましょう、ここが一番いいです」

と突然、不動産屋さんの女性が僕の手をパッと握って、

「ここに決めましょう！　ここに決めて、今日から私とここで一緒に暮らしましょう」

と言ってきたんです。「は？」と思ったら、後ろから、

「すいません、お待たせしました！」

と声が聞こえてそちらを向いたら、その不動産屋さんが玄関から入ってきたんです。

「え？」と思って正面を見直したら、僕の前には誰もいなかったんです。

「なんだ今の？」

と思ったら、奥の部屋から親父が腕を組んで戻ってきて、

「な、やめた方がいいだろう？」

と言ったんですね。


それで「ちょっと幽霊が出たのでやめます」とは言えないので、別の理由をつけて「他の物件に行っていいですか？」といいました。

不動産屋さんは「わかりました、じゃあ次の物件は歩いて行けるんで、ちょっとここから出て、次の物件に行きましょう」と歩いてる時――。

親父に肩をポンポンと叩かれて、僕らが内見した部屋のベランダを指さした。

そっちをパッと見たら、まったく見たこともない知らない女性がベランダに立っていて、僕らの方ににっこりと笑って手を振っていたんです。

第2章

大阪予選会

2019年11月3日 @ ロフトプラスワンWEST

東京予選会の2日後、大阪予選会が開幕。A～Dブロックで16名の語り部が激戦を繰り広げ、石野桜子、旭堂南湖、下駄華緒、壱夜の4名がファイナルへの切符を手に入れた。

【エントリー選手】★は予選突破者

Aブロック：ゴル／Ｃｏｃｏ／石野桜子★／ダブルアート真べぇ

Bブロック：濱 幸成／Ｂｕｇって花井／旭堂南湖★／Ｂｉｌｌｙ

Cブロック：星野戦慄／下駄華緒★／おがぴー／神原リカ

Dブロック：さたなきあ／ロッテンダシャカ谷／壱夜★／異聞亭一人

喫煙室

石野桜子

　私は以前、精神疾患で閉鎖病棟にいました。

　鉄格子があるような所じゃなく、女性ばかりの五人部屋が五つある小さな病棟でした。

　病棟の重い鉄の扉を開けると、すぐ看護師さんが鍵を閉めます。

　入ると正面に食堂があり、その奥に喫煙室、小さな廊下を挟んで公衆電話――と言いますのも、携帯持ち込み禁止なんですね。

　もちろんガラスや刃物も禁止です。

　私は、その公衆電話から自宅の留守番電話を聞くのを日課としていました。それだけが外との連絡手段でした。

　そんな病棟で会ったのがＢさん。

Bさんは、入院中にもかかわらず毎日ちゃんとお化粧なさって、居住まいを正されている女性でした。

すっぴんでパジャマでフラフラしている私とは仲良くしてくれないかも——と思ったんですけれども、二人ともタバコを吸っていたんで、喫煙所で親しくなりました。

夜、消灯しても喫煙室だけは明かりが点いているんです。

寝られない人間が集まってきます。

自然と、怖い話になるんです。

その時Bさんが、話しだしました。

「桜子ちゃん、私、生き霊を飛ばしてるってよう言われんねん」

「え？　どういうことですか？」

「いやな、行ったこともない場所、行けるはずのない時間に、あんたおったでって言われて。行ってないよって言っても全然信じてくれへん。そんなことが何回もあってん。だから私、生霊飛ばすみたい」

明るく普通に言うので「ああ、そうですか」と、その時はそんな感じで終わりました。

日が経って、いよいよBさんが退院となりました。私はすごく寂しかったんですけど、そうしたらBさんが、

「桜子ちゃん、こういうところで会って仲良くなっても、外に出たら自然と疎遠になる。でも、あなたとはまた会いたい。だから退院したら必ず連絡して」

私、とても嬉しくて、

「わかりました！　早く元気になって、すぐに連絡できるようにしますね」

と、連絡先を交換しました。

お見送りしたんですけれども、私も早く退院したかったから、正直本当に切なかったです。

そして数週間が経って、他の人とも仲良くなれるようになって、穏やかに入院生活を過ごしていたんですが――。

ある夜に、どうしても眠れなくて――深夜の十二時にもなって「どうしようかな、とりあえず一本タバコを吸おうかな」と喫煙室に行ったら――。

Bさんがいるんですよ。

私、びっくりして声をあげました。

「Bさん、どうしたんですか?」

Bさんは少し具合が悪そうに、小さな声で言いました。

「桜子ちゃん、タバコ一本くれへん?」

ああ、再入院なさったんだ。

そう理解したんですが、その時、すごく申し訳ないけど「嬉しい」と思ってしまって、そんな自分がとても嫌で居たたまれなくなった。

「マルボロライトやけど、いいですか?」

持っていたタバコを一本差し上げると、

「ちょっと留守番電話、聞いてきますね」

と、いったん席を外して公衆電話のブースへと移動しました。

「〈ピーッ一件です。十一時三十五分〉もしもし、わたし、Bです。桜子ちゃん、具合はどう? わたしはなんとか元気でやってるよ。もし退院できたら、すぐにわたしに、すぐに連絡してね! 待ってるからね!」

受話器でメッセージを聞きながら、ぎょっとしました。

あれ？　いたよね？　Ｂさんいたよね――

ゾッとして、喫煙室を見ると、Ｂさんはいない。

急いで看護師さんに訊きに行きました。

「Ｂさんって再入院しましたか？」

看護師さんは諭すように優しく答えました。

「してないよ。寝てくださいね」


そうか違うのか、私が病気だからか。

Ｂさんがいたなんて見間違い、落ち着こう、とにかくタバコを一本吸おう。

そう思って喫煙室に行きました。

そうしたら――

口紅のついたマルボロライトの吸い殻が一本――ありました。

鬼気迫る語りを魅せた石野桜子

事故物件

旭堂南湖

まゆみさんという二十代の女性、引っ越しをすることになった。

不動産屋で相談すると、いい物件がある。

築五年のマンション、駅近。非常に綺麗、家賃が格安。

――事故物件だ。

詳しくは話をしてくれなかったけれども、どうやらバスルームで誰かが亡くなったらしい。

バスルームを確認すると新品のバスタブ、傷一つない。

ここに決めました。引っ越しをした。

荷物を運んで汗をかいた。お風呂にでも入ろうか、でもなんとなく怖い。

（まあ、私、霊感もないから大丈夫でしょう）

お湯を張って入浴剤を入れる。

バラの香りが広がった。お湯が真っ赤に染まる。裸になってチャプンと浸かった。

恐る恐る辺りを見回すと、なにもない。良かった。

「ほんぎゃあ、ほんぎゃあ」

どこからか聞こえてまいりました、赤子の泣き声。

まゆみさんはビクッと体を震わせた。

（赤ちゃんが泣いている。どこから聞こえるの？　湯船の中？　まさか）

「やめてよ！」

ピタッと泣き止んだ。

次の日も、お風呂に入っておりますと聞こえてまいります赤子の泣き声。

「やめてよ！」

ピタッと泣き止む。

次の日もまた次の日も、お風呂に入っておりますと必ず聞こえてまいります。

――赤子の泣き声。

一週間後、お姉さんが遊びに来ることになった。

駅まで迎えに行きますと、

「お姉ちゃん、実はね、事故物件なの」

「まゆみ、引っ越しをする時は、あたしに相談しなさいと言ったでしょ。出るんじゃないの？」

「うん」

「出るの？」

「赤ちゃんの幽霊。でもね、聞き分けのいい子なんだから、怖くもなんともない」

なんて話をしながら家へ帰ってくる。

ガチャッとドアを開けるとお姉さんが、

「ダメダメダメ！　は、早く出ましょう！　さ、早く出ましょう！」

「お姉ちゃん、どうしたの？」

「まゆみ、聞こえないの？　ねえ、聞こえないの？」

「なにが？」

「赤ちゃんが狂ったように泣き叫ぶ声！」

はんぎゃあああああああああああああ――


バスルームに誰かいる。女だ。赤ちゃんを怒鳴りつけている。

「泣きやめ、黙れ、黙れ、聞き分けの悪い子なんだから――こうしてやる！」

お姉さんが、

「あの女は見ちゃダメ！　見ちゃダメ！　出ましょう！　こっちに気づいた！　早く出ましょう！」

マンションを解約した。


早いもので三年の月日が流れました。

まゆみさん、いい人と出会いまして結婚をした。子宝に恵まれた。

産婦人科の一室で生まれたての赤ん坊を抱いておりますと、窓の向こう、見知らぬ痩せた女が、こちらを見ながら、裸で立っている。

「誰？」

次の瞬間、女は目の前にいた。

赤ちゃんをサッと奪う。まゆみさんは驚いて、

「何をするの！」

痩せた女は、ニヤニヤニヤニヤニヤ笑いながら、赤ちゃんを抱いておりましたが、

「はんぎゃあ、はんぎゃあ」

と、赤ちゃんが泣き出すと鬼のような形相になって、

「泣きやめ、黙れ、黙れ、なんであたしの言うことが聞けない、聞き分けの悪い子なんだから、こうしてやる！」

赤ちゃんを口のあたりに持ってくると、大きな口を開いた。

「シャーーー」

歯を剥き出して、赤ん坊に喰いつこうとする。

まゆみさん、お姉さんから「肌身離さず持っていなさい」と渡されていた清めの塩を、女に向かってバッと投げつける！

「ぎゃあああああああああああああああ」

女は、まるでバスルームの排水溝に吸い込まれるかのように、ザーッと消え去った。

まゆみさんが赤ちゃんをソッと受け止める。

「怖かったね、怖かったね」

赤ちゃん、ぐっしょりと濡れておりましたが、どういうわけか部屋には、入浴剤のバラの香りが漂っていたそうで——

「はんぎゃあ、はんぎゃあ」

まゆみさんの顔が、しだいに鬼のような形相になってつぶやいた。

「泣きやめ、黙れ——」

講談師・旭堂南湖による大迫力の怪談。

花束

下駄華緒

僕の友達から聞いた話です。

その友達は男性で、僕とだいたい同い年ぐらいのバンドマンなんですが、彼には付き合って、もう三年以上になる彼女がいるんです。

三年ぐらい経つと、さすがにお互いの良いところとか悪いところとか、いろんなことを知り尽くしているような関係で、近々結婚も考えているという、すごい仲のいいカップルなんです。

ある時、彼と彼女が二人で道を歩いていました。

どこへ向かっているかというと、彼女の家に向かっていた。その道は車一台がやっと通れるような一方通行の道で、右側に住宅街が広がり、左側は雑木林とちょっとした崖のようになっていて、あまり人通りがあるようなところじゃない。

そこを二人でトコトコと歩いていました。

あと、百メートルか、もうちょっとしたら彼女の家が右手側に見えてくるという頃に、ふと左側を見たら、雑木林のある方の道の隅っこに花束がポンっと置いてあった。

それを見た彼が、

「あれ、こんなところに花束があったかな」

と彼女に言うと、彼女が、

「なんか気持ち悪いな」

と言ったんですよ。かねてから彼女は、結構見えざるものが見えてしまうとか、何か悪いような予兆を感じてしまうというようなタイプの方やったんです。

でも彼は、そういったことは一切感じなくて、全然見たこともないからわからない。

なので、彼女がそう言った時には「あーそうなんや」とスルーするんです。

その時も同じように「あ、そうなんや」と言って、その花束の前を素通りして二人で歩いていったんですね。

そうしたら、十メートルか二十メートルぐらい過ぎた辺りで、彼女が急にくるっと反対に向いて、バーッと来た道を走っていった。

どうしたん、どこ行くんや、と彼が見ていたら、彼女はその花束の所まで走って戻ると、しゃがみこんでガサガサと触っている。

彼氏がそれを見てびっくりして「ちょっと、どないしたんや！」と駆け寄って肩をポンポンポンと叩いた。

でも彼女はそれを無視して、ずっとガサガサガサガサと花束をいじっている。

さすがにいい加減にしろよと思って、彼女の腕をガッと引っ張った。

そうしたら彼女は、ぼんやりと立ったまま、うつむいてフラフラしている。

とりあえず彼女の家に帰ろうと、彼女を肩で支えながら歩き出した。

家に着いて、彼女のカバンから鍵を取り出してガチャッと開けると、彼女を部屋へと上がらせた。そのあと自分も入って、後ろを向いて扉の鍵をカチャッと締めた。

そして向き直った瞬間、彼女が彼の首を思いっきり絞めてきた。

「えっ？」って思うじゃないですか。三年以上も付き合っていてお互いのことを知り尽くしているはずなのに、急にそんなことをされるなんて、びっくりするというか、どないしたんだろうという気持ちになりますよね。

彼は最初、冗談かなと思った。しかし、首を絞めている彼女の手の力が、冗談では済まされへんほどのものすごい強さだった。

「いい加減にしろ!」

彼は声を上げて、彼女の身体をバンッと突き飛ばした。彼から離れ、うつむいて立ち竦む彼女の顔が、ゆっくりと上に向いた。

満面の笑みやった。

見たことのないような、自分の彼女でないような、口をしっかり開けての満面の笑みを浮かべている。

彼氏は思わず「気持ち悪い」と思って鳥肌が立ったそうです。

けれども、それ以上にもっと異常なことに気がついた。そして、その場から思わず逃げ出してしまった。

何に気がついたかというと——。

彼女の満面の笑みの開いた口の中に、大量の花びらが入っていたんです。

あの花束のところに戻った時に食べていたんでしょう。

なんでそんな風になってしまったのかは、わからないんですけれども——。

鉄臭い

壱夜

マサヤさんという、関西にお住まいの二十代の男性の方からお聞きしたお話です。

このマサヤさん、幼少期にお母さんと二人暮らしだったんですけど、このお母さんに育児放棄をされていたんです。

で、お母さん、普段はまあまあ優しいんですけど、新しい彼氏なんかができると、全然家に帰ってこない。

そうなると、マサヤさんはガリガリに痩せまして、死にかけたことが何回もあるというんですよ。

そんなダメなお母さんなんですけど、もう家に帰ってくるだけで、マサヤさん、ものすごく嬉しかったそうです。お母さんのことが大好きだった。

このお母さんなんですが、ある時家にいましたら、急にえずいたかと思うと、ゲエゲエと血を吐き出したんです。畳に血溜まりができるぐらい。

急いで緊急搬送されたものの、その先で数日後に亡くなってしまった。

お母さんはホステスをされていたので、お酒の飲み過ぎで身体を壊してということだったそうなのですが、マサヤさんは身寄りがないもんですから、施設に入ることになったんですね。

そこで育ちまして、若いうちから自分の身一つで稼ぐことが出来るということで土木関係の仕事に就きました。

ある程度、お金が入ってくるようになって、生まれて初めて好きなものを好きなだけ、お腹いっぱい食べるということができたそうなんです。

それがものすごく幸せなことだと思うものですから、マサヤさん、いろんなものをたくさん食べましてね。百キロに近いぐらいの、がっしりした体型になったんですよ。

そんなある日、その日も疲れて帰ってきて寝ていましたが、夜中にパッと目が覚めたんですよ。

すると体がガチッと固まって動かない。金縛りですよ。

でも目だけは動かせる状態だったので「どういうこと？　どういうこと？」という感じでキョロキョロと辺りの様子をうかがっていたんです。

視界の端にスッと何かが入ってきた感じがしたので、そちらの方を目だけで向いて見てみました。

そこにね、お母さんなんですよ。

若い頃のお母さんが、マサヤのすぐ近くに立っていて、彼のことをじっと見てるんですね。

「うわあ、お母さんだ、お母さん！」

そう思っていると、お母さんはグーッと腕を伸ばしてきて、マサヤさんの顎を掴んだかと思うと、すごい力で口をこじ開けてきた。

そして、グググッと顔を近づけてきたかと思うと、ゲエゲエと血を吐き出したんです。無理やり開けさせているマサヤさんの口の中に向かって、どんどんどんどんと、お母さんは血を吐き出してくる。

お母さんのドロッとした血が、マサヤさんの口の中に入ってくるのですが、仰向けで寝てる状態で、そんなものが大量に入ってくるのはすごく苦しい。

溺れたみたいになって無我夢中で身体を起こした時には、お母さんの姿はそこにはなかった。でも自分の口の中に、すさまじく鉄臭いにおいだけが残されていました。それからですよ、マサヤさんはお母さんのことを考えると、口の中に鉄臭い味がするようになったんです。

そうすると、ものすごく息が苦しくなって食欲がなくなるんです。

その反面、お酒をものすごく飲みたくなったそうです。それまで全然、お酒になんて興味はなかったのに——。

毎晩、浴びるほど飲んでいると言っていて——そのせいでしょうか、百キロ近くあった体重が五十キロあるかないかになってしまったそうです。

これね、メールでうかがったものですから「それ良くないんじゃないです？　大丈夫です？」とメールしましたら、すぐにメールが返ってきて——。

「今ね、大変なことになっちゃってるんですけど、僕ね、今でもお母さんのこと大好きなんですよ。きっと寂しかったんだと思うんです。だからね、お母さんが望むんだったら、僕はお母さんみたいなことになったって全然構わないと思っているんです」

これは数ヶ月前のことだったんですけど、今、マサヤさんとは連絡がつかない状況なんですよ。

メールアドレスを変えてしまったのか、解約されたのか、ちょっとわからないのですけど、マサヤさん今もご無事だといいんですけどね――。

第3章

ファイナル第1ステージ

2020年1月18日 @ ユーロライブ

東西の予選会を勝ち抜いた12名による決勝大会「ファイナル」の日がやってきた!

まずは準々決勝となる第1ステージがおこなわれ、勝者はシークエンスはやとも、下駄華緒、田中俊行、壱夜の4名。

【ファイナル第1ステージ（準々決勝）出場者】　★は第1ステージ勝者

Aブロック：シークエンスはやとも★／匠平／夜馬裕

Bブロック：下駄華緒★／ごまだんご／小森

Cブロック：田中俊行★／悠遠かなた／鏡太郎

Dブロック：壱夜★／旭堂南湖／石野桜子

友人からの呼び出し

シークエンスはやとも

僕は、小学校三年生の時に、目の前で殺人事件を目撃いたしまして。目の前で亡くなった方がですね、翌朝、自分の後ろに覆いかぶさっておりまして、目の前で死んだ人だから、これはおばけだっていうことで、その時初めて幽霊を認識したんです。

それから一週間、その人と共同生活をしまして、一週間経った頃に親父から急に、「おまえ、それ自分で取れないのか」と言われまして。とんでもない幽霊一家に生まれたんだな、ということを、そこで認識いたしました。その後、色々体験した幽霊話の一つを今日は話させていただきたいと思います。

僕が、大学に行っていた頃なんですけど、大学の同級生がですね、自分の店を持ちたいという男だったんですよ。飲食店をやりたいということで、トリプルワークしてお金を貯めて、貯まったら開店しようとしていたんです。

そのトリプルワークのうちの一つが配達業だったんですよね。

その仕事をやっていたある頃、毎日毎日、同じ家に配達物を届けるというのが続いたんだそうです。会社に行くと「これ、届けて」と言われ、宛先を見ると「あ、またあの家だ」という感じでした。

持っていくと、ボロボロの家なんですけど、ガチャッとドアが開いてお婆ちゃんが出てきて「ありがとう、あんたほんといい子ね、いつも持ってきてくれてありがとうね」と言われる。「全然いいんですよ」と返すと、「よかったらお茶でも飲んでいってちょうだいよ」「いえいえ、仕事中なんで、大丈夫です」「ほんとに?」——。

次の日も持っていくと、

「昨日に引き続きありがとう、ほんとかわいいわよね、よかったら寄っていけばいいのに」「ああ、もう全然いいんです、仕事なんで」——。

というようなやり取りを、一ヶ月間ずっと続けたらしいんです。

毎日毎日、荷物を持っていっていたその家には、人の良いお婆ちゃん三人がいるらしいんですけど、不可解なことがあったんですよ。

これが、家の中に生活感のあるものが一つもない。冷蔵庫、洗濯機、食器棚、旅行に行った時の土産的なものとか、なんにも置いてなくて空っぽの家なんです。

そこからお婆ちゃん三人が――人当たりの良さそうなお婆ちゃんが「ありがとね」と言って出てくる。

「ちょっと変な体験したんだよな」

というのは、僕がそいつからＬＩＮＥをもらって、そいつの家に遊びに行った時に直接聞いたんです。

「そうなんだ、一ヶ月も続いてんだ」

「そうなんだよ」

時間を見たら夜中二時過ぎぐらいだった。

「ちょっと、その家、行ってみるか？」

「どれぐらいのとこ？」

「ここから車で二十分か三十分ぐらいかな」

「そうか。俺、車で来てるからさ、俺の車で一緒に行こうよ」

「あ、いいの。じゃ行ってみるか」

僕が運転して、そいつは僕の車の助手席に乗って、夜中に向かったんです。

山道に入っていって「暗いところだなあ」と思いながら、その家の前に車をつけた瞬間、びっくりしました。

とある連続殺人事件——多くの人が亡くなっているといわれる凶悪事件の、まさに、遺体をバラしていた家だったんです。

僕はその事件を大学のゼミで研究していたので、犯人が遺体をバラしてそこで無き者にしていたあの家だ！　とわかったんです。

「あの事件の家じゃん。おまえ、この家に配達物持って行ってたのか！」

と助手席のそいつに言ったら、そいつ、助手席からいなくなってたんです。

あれ？　と思ったら、家の中から、なにやら叫ぶ声が聞こえた。

あいつの声だ、と思って、あわてて運転席から降りて、玄関をガチャッと開けた。

そうしたらそいつ、玄関先で横になっている。あ、やばい！　と思って顔を上げたら、お婆ちゃん三人が、ものすごい形相で僕を睨みつけている。

見た瞬間、僕はわかったんです。

あ、この人たち、亡くなっている方だと。

お婆ちゃん三人は僕の方をガーっと睨みつけながら、

「この子はね、今日から私たちの家族になるの。私たちとこれから、ずっとずっと一緒にここで暮らしていくの。帰って。帰ってちょうだい！」

うわっ怖いって思ったんですけど、友達を見捨てるわけにはいかないので、

「ごめんなさい！」

と言って、そいつの身体を引きずり出すと、なんとか車まで連れていった。

急いでその場から車を移動させて、

「おまえ、起きろ！　起きろ！　しっかりしろ！」

とそいつが起きるまで待った。

彼がハッと気がついたところで話を聞いたら――。

そいつ、一ヶ月間あの家に配達していた記憶が、全部無くなっていたんです。

生贄

匠平

ごめんなさい。今日この場を、僕だけのための怪談をやらせてください。

僕ですね、六人家族なんですよ。父親と母親がいて、あと上に三人、兄貴が二人と姉貴が一人で僕が末っ子の六人家族なんですね。

この中で僕、唯一、親父のことがですね、物心ついた頃からすごく苦手なんです。外面はすごくいいんですけども、基本的に無口ですし、全然、感情を表に出さないんですよ。話しかけても無視しますし、口が開いたと思ったら怒鳴り放題。

そんな親父が僕、昔から凄い嫌いで、「怪談師になったよ」と言った時も「おまえ、なにやってんのよ」と吐き捨てるように言われたんですね。

そんな親父のことを、僕は本当に本当に嫌いだったんだけども——。

今から約三年ぐらい前の話です。

当時、これからずっと怪談師をやっていくのに、話の本数が足りないなと思い、いろいろと体験をしないといけないと、かなり無茶をしていた時期があったんです。

無茶というのは、心霊スポットに行ってやっちゃいけないとことを片っ端からやってみたりだとか、本やネットで降霊術を調べてやってみたりとか、他にも霊感が強くなる方法だとか――そういうことをずっとやっていた。

やっていると、それを知っている仲間たちは「おまえ、それ大丈夫か？」と訊いてくるんですけど、その度に僕、「大丈夫、なにもないよ」と口癖のように言っていたんです。

でも実際のところはいろんなことがあったんです。

家の中で物が勝手に動くのは当たり前でしたし、また、人と喋っている最中に相手が言っていることがわかんなくなる瞬間があるとか、電話をしている最中に電話の向こうで友達が「おまえ、今誰といるんだ？」と言ったりとか――。

身のまわりで変なことが、どんどんどんどん起きていました。

それでも僕はやめなかった。口から血を出してもお尻から血を出していても、心霊スポットに行っていたんですよ。

ちょっとずつ、なにかが狂っていたんでしょうね。


そんなある日、特に予定はなかったんですけども、ちょっと実家に帰りました。二階の自分の部屋で壁によりかかりながら、ボーッとなにするでもなく壁を見ていたんです。時計をふと見たら三時半ぐらい、夕方ですね。

この後、どうしようかな、と思っていたら突然、

「行くよぉ」

と、男の声がしたんです。「えっ？」と思って気がついてみると、部屋の中が真っ暗で、外を見てみたら外も暗い。夜になっているんです。

これどういうことだろうと時計を見てみたら、やっぱり三時半。季節は夏なんですよ、暗くなるわけがない。

あ、これなんか危ないかもしんない、って思ったら次は、

「見えるよう」

と聞こえたんです。

怖くなってその場で立ち上がろうと思った。でも立ち上がれなかった。金縛り状態です。両足を前に投げ出した状態で、一点しか見つめられない。

そうしたら〈バンバン、バンバン〉とすごい音がする。

僕は、身体は動かないんですが、目を動かして音がした方を見てみたら、真っ暗い窓の向こう側に、さらに黒い人影が窓にべったり付いて、

バンバン、バンバン、バンバン……

窓を叩いているんです。え、あれなに？　と思っていたら、

「入るよぉ」

と聞こえるんですよ。いやいや、だめだよ、こっちくんなよ、と頭の中で必死に抵抗するんです。

お願いだから来ないで、来ないで、来ないで……。

思っている最中に、思いついたんです。

一階に、大っ嫌いな親父がいると。

お願いだから俺じゃなく、親父のところに行ってくれ。一階にいる親父にだったらなにしてもいい――。

そう思った瞬間に急にフッと空気が軽くなって、身体が動くんです。見回せば、部屋も明るいし外も明るい。

ああ、よかった。助かったんだ。とホッとした後「あ、そうだ、親父——」と思って部屋から飛び出した。

一階に行ってみたら、親父は何事もないように新聞を読んでいるんです。

じゃ、大丈夫か、と思い、その日は実家を出て家に帰りました。

数日後、母親から「お父さん、ヘルニアで入院するから。オペの日は×日だよ」と、連絡をもらったんです。大した手術じゃないということだったので、僕も特に気にはしなかった。

オペ当日、母親から電話がかかってきた。

「大変！　お父さんが腰の手術中に心臓止まった！　とりあえず、また動き出したんだけど、これからすぐに心臓のオペに切り替えるみたい」

そう言われたんです。これを聞いた瞬間、僕は頭の中で、なぜかわからないですけど、あの黒い影を思い出したんです。

でも、この手術は無事に成功しまして、親父は心臓にペースメーカーをつけるっていうことになったんですね。

それからまた数日経った頃。僕が実家に帰りましたら、親父がリビングの食卓で新聞を読んでいたので、「おはよう」と言ったけれど無視された。

「なんだあいつ」と思いながら、ソファーに座って携帯電話を触っていると、なにやら視線を感じるんです。

顔を上げて視線の先を見てみたら、親父が無表情で僕をじいっと見つめている。

なんだ？　と思って黙っていたら、

「――やっぱりおまえがいい」

そう言ったかと思うと、何事もなかったかのように新聞に目を落とした。

僕は親父に、「今のなによ！」と言ったんですけど、いつも通り無視されて――。

その後、ちょっと知り合いでお世話になっている霊媒師さんがいるのだけれど、その方に電話をしまして、

「実はこういうことがあったので、今からそちら向かいます」

と言ったところ、その霊媒師さんから、

「匠平君、今の生活すぐに止めなさい。あんたね、死神みたいなものに憑かれてるから。もし助かりたいなら、誰かを犠牲にしなさい。生贄を捧げなさい。方法は、その黒い存在を、自分以外の誰かに認知させてください」

と言われたんです。

——皆さん、お話を聞いていただいてありがとうございます。

本当にごめんなさい。

情感を込めた匠平の怪談が会場にこだまする。

除霊方法

夜馬裕

「娘を返して……娘を返して……」

女の声で、夜中に目を覚ました木村さん。目を開けて驚いた。

目の前に、紐のようなもので首を吊った女の子の影が、ぶらーん、ぶらーんと、揺れている。

暗くて顔は見えないものの、小さな体に長い髪、スカートを穿いており、どうやらすぐ目の前で、小さな女の子が首を吊っているのはわかった。

眼前では、女の子の影が、ぶらーん、ぶらーんと揺れている。

そして、耳元では、「娘を返して……」という女の声が聞こえてくる。

驚いて飛び起きて電気を点けると、途端に女の子の影も、女の声もすっとかき消えていった。

結局、その夜は朝まで何もなかったものの、仕事を終えると、自宅に帰るのが怖くなってしまった。

仕方ないのでホテルに泊まることにしたが、寝る前にシャワーを浴びていると、髪を洗っている最中に、

「娘を返して……」

また女の声がする。

驚いて顔を上げると、いつの間にかシャワールームは真っ暗になっており、天井からは首を吊った女の子の影が、ぶらーん、ぶらーんと、すぐ目の前で揺れていた。

それからは家の中でも外でも、毎晩、女の子の影と、女の声が現れるようになった。

職場でも、残業をして一人になると、急に電気が暗くなって現れる。

エレベーターに乗ってもよく現れるので、怖くなり階段を使ってみたが、今度は階段の踊り場にも現れるようになった。

夜毎悩まされ続け、恐怖で気が狂いそうになるものの、困ったことに、木村さんにはまるで心当たりがない。

誰かの娘さんに、まして小さな子供に酷いことをしたことなどない。

一体どうすればよいのかと、と頭を悩ませて過ごしていた。

そんなある晩、いつものように目の前で女の子の影が揺れており、「もうダメだ、怖い……怖い……」と震えている時、恐怖が極限に達したのか、ふと、

「そうだ、これは女の子の幽霊じゃない、ただの人形だ。揺れているだけの人形だから怖くない……」

無理矢理、そう思い込もうとしたという。

「これは人形だ……これは人形だ……」そう念じ続けていると、恐怖による強いイメージの力なのか、女の子の影が、徐々に女の子の人形へと姿を変えていった。

「あ、うまくいった!」

そう思った途端、人形に変わった女の子の影は、すうっと消えたという。

次の日も同じように、「これは幽霊じゃない、ただの人形だ……」と念じ続けると、同じように女の子は人形に姿を変えて消えていった。

毎日それを繰り返すうちに、やがて女の子の影も女の声も現れなくなったという。

そんな話を私に聞かせてくれて木村さん、

「どう?　だからこれ、自分なりの除霊方法で助かった話なんだよ」

と、得意気な顔をしていた。

私も、珍しい面白い話を聞いたな…などと思いつつ、そのまま一年ほどが過ぎていったのだが、たまたま飲み屋で、木村さんの元同僚という男性に会った。

彼のことを訊くと、「木村君はもう会社を辞めたよ」と言う。

聞けば、ある日急に会社に来なくなったので、同僚の彼が心配して、木村さんの家を訪問した。

部屋に招き入れられて、驚いた。家の天井あちこちに紐が渡してあり、その紐にまるで洗濯物をかけるかのように、何十という無数の人形が吊るされていたのだ。

人形はすべて、首に紐がかけてあり、まるで首吊りのように家中で揺れている。

その光景を見て、同僚の彼は、ハッとあることを思い出した。

同僚も木村さんも、清掃業の仕事をしており、少し前、一人暮らしで亡くなった女性の家で、遺品を片付ける仕事を請けた。

部屋の中からは、女性が大事にしていた様子の、何十という人形が出てきた。

それを丁寧に扱えば良かったのかもしれない。

だが木村さんは、「うわ、気持ち悪い女だな」と言いながら、非常にぞんざいに扱って、その人形を処分してしまったという。

木村さんは、「ほら見て、首吊り」などと言いつつ、人形の首に紐を引っ掛けて振り回したりして、同僚が止めても、「人形だらけで気持ち悪いんですよ」と、悪趣味ないたずらをやめようとしなかった。

だから、「あいつきっと、バチが当たったんだ」と思ったという。

家中に無数の人形が揺れている中で、ぼんやりとした表情のまま、ずっと薄ら笑いを浮かべる木村さんを見て、

「人間はもう、ああなったらおしまいですよ」

と元同僚は笑いながら話してくれた。当然、木村さんの消息は知らないという。

私に向かって、

「自分なりの除霊方法で助かった」

と、あんなに得意げに語っていた木村さん。

実のところ、女の子が人形に見え始めた時にはもう、彼にかかっていた呪いらしきものが、すっかり完成していたのかもしれませんね。

淡々と怪異を紡ぎ出す夜馬裕。

身代わり

下駄華緒

葬儀屋さんの時の話をさせていただきます。

ある時ですね、もう少しで小学校に上がれたのに、という息子さんを亡くしたご夫婦がお葬式の依頼に来られたんです。

そのご夫婦は、奥様の方が「あれだこれだ」という風に率先して話をしていくタイプで、旦那さんの方は奥様の話を聞いて「はいはいはい」とうつむいているだけ、といった感じのご夫婦だったので、僕は奥様と葬儀の話を進めていきました。

奥様は、

「息子は実は、生まれてからずっと闘病生活を繰り返していた。その間ずっと苦しんでいたので、亡くなってはしまったけれども、もしかしたらそれはそれで、息子は楽になれたかもしれない」

そんなことをおっしゃいつつ、ずっと看病をしてきたので貯金があまりない、なるべく費用を抑えた形でお葬式をしてほしい、というご依頼をされた。

僕は「かしこまりました。ではこういうのは――」とプランを提案し、それでいいということでお葬式当日を迎えたんです。

お葬式で喪主の挨拶というのを、みなさんも聞いたことがあると思います。

その日の喪主は奥さんだった。奥さんは「今回は葬儀屋さんに大変良くしていただきまして、こんなに素晴らしいお葬式をすることができました。これで天国の息子も本当に喜んでいると思います」と、涙ながらにおっしゃっていました。

僕も、まぁいいお葬式ができたなぁ、とホッとしていたんです。

なのですが、ここから状況がいっぺんに変わってきました。

葬儀の代金は、お葬式が終わった一週間後に支払っていただくという約束をしていたのですが、一ヶ月経ってもご夫婦からは連絡がない。

こちらからも連絡をするのですが、まったく繋がらない。

これはもう仕方がないなということで、ご自宅まで行ったんです。そうしたら、もぬけの殻なんです。

これは、逃げられた、と思ったんですね。

なので、お葬式に来られていたご夫婦の親戚の方と連絡を取り合い、ご夫婦の行方を追った。そうしたら居場所がわかった。

ご夫婦は、大阪から九州まで逃げていたんですよ。

本当に足取りが重いですけれども、これは仕方がないということで、社長と僕の二人で九州まで行ったんですね。

聞いた場所に行きましたら、すごい田舎のとある平屋の一軒家で、結構大きな庭がある家に、ご夫婦で住んでいたんですよ。そこで〈ピンポン〉と鳴らしたら、ガラガラッと出てきたのが奥さんでした。

「すみません、葬儀社のものですけども、先日の息子さんの葬儀代金の件で……」

と言うと、

「なんですか！　葬儀屋さんがウチになんの用ですか！　帰れ！」

こんな感じで言ってくる。まったく話が通じなくて、僕と社長と奥さんの三人で、押し問答になった。

その間に社長がちょっと察して、僕に耳打ちしてきました。

「ちょっと庭の方に行って、誰か他に人がおらんか見てくる」

奥さんだと話にならないから、ご主人か他に誰かいないかを探してくる、ということで、社長が庭の方に入って行った。

僕と奥さんになっても、かみ合わない話をしていると、いよいよ奥さんが、

「そんなに言うんやったら、今からちょっと息子を呼びますわ！」

そう言うと、息子の名前を叫び出した。

「○○ちゃん！　こっち来て！」

奥さん大丈夫かな、息子さんは亡くなっているのに何を言っているんやろう。

そう思っていたら、さっき庭へ入っていった社長が僕の方へと戻ってくると、腕をガッと掴んで耳打ちした。

「あかん、もう帰るぞ！」

そう言うと、なかば僕を引きずるようにして、その家を後にするんです。

「社長、なんでですか？」

道すがらそう聞いたら、

「あそこの夫婦、あれ、あかんわ」

と言う。

社長が庭の方から窓越しに家の中を見たら、部屋には子供用の勉強机があった。そして、その勉強机に座る子供のような人影が見えた。

そこで奥さんが、息子さんの名前を呼ぶ声が聞こえた。

そうすると、その人影が落ち着かなげに辺りをキョロキョロと見回した。その時、外にいる社長と目がバチッと合ったんです。

それね、旦那さんだったんですよ。

「はーーーーーーーい」

旦那さんは、子供のように返事をすると、もう社長の方へは向かなかった。

その様子の異様さに「ここはもうあかん」と社長は思って僕のところに戻ってきた。

息子さんを亡くした悲しみが、そうさせてしまったのか、もしくは何か大きな力が働いて、そうなったのかわかりませんけども——そういったことがありました。

よだれ

ごまだんご

この話は、僕の友達のKさんのお話なんですけど、このKさんというのが仕事柄出張が多い方で、その日も名古屋で仕事をしてたんですね。

仕事が終わって自分の車に戻ってきたのが、だいたい夜の二十三時頃だったんです。

それから車に乗って、前日に予約を入れた、初めて泊まるホテルに向かって車を動かし始めたんですね。

ホテルに着いてチェックインを済ませて、自分の部屋にバタンと入ったんです。

そうしたところ、一気にその日の疲れがブワッと全身を駆け巡りまして、「ああ、ちょっとこれは横になろう」と思い、服も着替えずにフラフラとベッドに入ったんです。

その瞬間に、すーっと深い眠りに落ちていたんですね。

それから何時間経ったのかわかりませんが「ああ、いけない、いけない。服を着替えなきゃ」と思ってパッと起きようとしたんです。

そしたら自分の正面の右の方から、〈ドッ、ドッ〉と音がするんですね。

何の音だろう、目を閉じながら考えた。

あーそうか。自分の正面には窓があって、確か右の上にはエアコンがあったな。そのエアコンから水滴が垂れて、床に落ちて〈ドッ、ドッ〉と音が鳴ってるんだ。

そう思ったんですね。なんだ、その音か、と思って、また目を閉じたまま眠りに入ろうとしたんです。

したところ、今度は左の方から〈ドッ、ドッ〉と音がする。

しばらくすると、右の方から〈ドッ、ドッ〉と音がする。

これはおかしいんですね。だってエアコンが移動するわけはないですから。

なんだろうと思ってパッと目を開けたところ、やっぱり正面には窓があってエアコンがある。

やっぱりエアコンから水滴が落ちているんだ。

と思って、スーッと目線を下げていったところ、長い黒髪がバサーッと宙を舞っているのが見える。

あれ？　俺の見間違いか？　またズーッと下の方を見ていたところ、その髪の中に女の人の顔があったって言うんですね。

その女の人がダラーンとして、全身もダラーンとしている。髪だけが宙に舞っていた。そのダラーンとした口元からよだれが垂れて〈ドッ、ドッ〉と床に落ちたんです。

この音だったんだ。

Ｋさんはちょっとパニックになって身動きが取れなくなったんですね。そのまま動きを見ていたら、その人はダラーンとした格好で宙を浮きながら左の方に移動していく。左の角に行ったところでピタッと止まる。その反動でよだれが〈ドッ、ドッ〉と垂れる。また右に移動して止まり、反動でよだれが〈ドッ、ドッ〉。

ずっとこれを繰り返している。ずっと声が出なかったＫさんなのですが「はぁぁぁ」とやっと声が出たんです。

そうしたら女の人が、ダラーンとしていたのが直立不動の格好になって、目をカッと見開いてこっちを見てきた。

その瞬間に、Ｋさんは起きた、っていうんです。

でも起きたのがそのホテルの部屋ではなくて、自分の車の中だったんです。

「あれ？　俺、ホテルに向かって、部屋に泊まって寝てたよな？」

時刻を見たら、車に乗り込んだ時刻のままだった。

「これからホテルに向かうところだったのか……車の中でちょっと寝ちゃってたのかな……でも今のすごいリアルな夢だったな」

まあいいやと思って車を走らせてそのホテルに着いた。そうしたところ、やっぱりロビーとか、初めて泊まるホテルのはずなのに見た目がまったく一緒なんですね。

チェックインした部屋番号も一緒、こんな気持ち悪いことあんのかな、と思って、その自分の部屋の前に行って、ドアを開けると中をちらっと見たんですね。

部屋の内装もまったく一緒だった。

うーわ、これは気持ち悪い、と思って、夢の中で女がよだれを垂らした場所をちらっと見たら、確かに水滴の跡が三個ぐらいあったというんですね。

それを確認したとたんKさんは、一気に怖くなって、そのホテルを出て自分の車に戻ると一夜を明かしたそうです。

あれは一体なんだったんだろう、夢だったのかな、それともなにか予知夢的な感じだったのかな、とKさんは僕に語りかけてくれました。

臍の緒

小森

Bさんという男性の方が、小学生の時に体験したお話です。

Bさん、学校の帰り道は、いつも小さな公園を突っ切ってから家に帰る。それが日常だったそうです。

ある日の夕方、いつもの通り公園を歩いていると、ブランコに小さな男の子が座っているんですすね。

見知らぬ子供、でももうすぐ日が落ちそうだっていう時なのに、両親がいない。

気になったので、その子の前にしゃがんで、

「ねえ君、お母さんは？」って言うと、その子が、

「お母さんはいませぇん」

「お父さんは？」って言うと、

「お父さんもいませぇん」

なんかこの子、変わった子だなあと思う。

でも次から訊かれてもないのに、その子は急に、

「お兄さんはいませぇんお姉さんはいませぇん妹は……弟は……」

ずっと繰り返している。それを聞いてるBさんの方は、だんだんだんだん不思議と眠気というか、意識が遠のくような感じになっていって、急に――、

「僕もいませぇん」

それでパッと目が覚めた。

見ると今、目の前にいた男の子、いないんです。

そんなことよりも、夕暮れ時だったのに、もう日が完全に暮れて夜なんですね。

「あれ?」と思っていると、男の子が座っていた場所に小さな木の箱――これが一つ置いてあった。

それを見た瞬間、Bさんは不思議と「持って帰らなきゃ」って思ったんです。

公園から出て家までは数分の距離。

家に着いて玄関に立った瞬間、また「あれ?」と思った。

家の中が真っ暗なんですね。窓から明かりが漏れていない。

「よわった――」

Bさん、家の鍵を持っていないんです。でもこの時間なら誰かはいるはずだ、と思って扉をグッと押してみたら、開いたんですね。

あ、開いてると思って入ったら、案の定、家の中は真っ暗で、人のいる気配がない。

でもその代わり、玄関を上がったところに何かが置いてある。

暗闇の中、それは丸い楕円形のものなんですけども、Bさんを待ち構えるようにポンと真ん中に置いてある。

「これ、何だ？」と思っていると、暗闇の奥の方から突然、

「かずや……かずや……」

女の人の声が聞こえる。母親の声じゃないんです。

その女の人がBさんに気付いたように、

「かずや、知りませんか？　私の赤ちゃんがいなくなったんです。黄色と白の毛布に包んでお守りもつけて、毛布にかずやって名前をつけてあるんですぐわかると思うんです。どこに行ったか知りませんか探してください」

そこからずっと女の人が嘆くのですけど、そんなことよりBさん、目の前のものが気になってきた。

だって「黄色と白の毛布に包んでお守りをつけたもの」は今、目の前にあるんです。しかも中でモゾモゾモゾモゾ動き始めて、もっと言うと、毛布に書かれた「かずや」っていう文字がさっき公園で拾った木箱、その蓋に書かれている文字とまったく一緒なんです。

子供ながらに、これ、持ってちゃいけないやつだ、と思った。だからその場の返事は適当に、

「ごめんなさい。あの、赤ちゃんのこと、知らないです」

と言った。

その女の声が「そうですか」と言ってしーんとなった。

あ、よかったと思って、とりあえず木の箱をその場に置こうとしたら、

「それ、うちの子じゃないですか！」

そう声が聞こえたと思いきや、突然奥からドドドドッと音がしてBさんの所に四つん這いの何かが迫ってきた。

Bさん、思わず外に飛び出した。

家を振り返ると、不思議とそこは自分の家でもなんでもなかった。ただの平屋の廃墟――開け放した扉のそこに、毛布に包んであるもの自体はなかったんですが、その場に落ちていた木箱、それを横から現れた何者かの手がズルッと引きずるように、暗闇の中に消えていったそうです。

大人になった今でもBさん、なんであんなところに行ったのか自分でもわからないそうなんです。

ただ、あの木の箱がなんだったのかは大人になってからよくわかった。

十センチほどの細長い小さな箱で、表に子供の名前が書いてあり、ちらっと開けた時に見えたのは黒ずんだ肉片でした。

あの時、捨てて本当によかったって、Bさんが言っております。

和服を纏った小森の怪談が聴衆を魅了する。

宇土殺

悠遠かなた

ある廃墟を発端とする、私自身の体験です。

この廃墟は、通称「宇土殺《うとさつ》」という、今から四十年ほど前に殺人事件が起こったとされる場所だったんです。僕は生配信をしているんですけど、そのリスナーさんにこの場所を教えていただきまして、じゃあ配信を見ているみんなとちょっと見ようかっていう話になったんです。

リスナーさんに教えていただいたのは、その場所の詳細をまとめたブログのようなものだったんですけど、そのブログのようなものが非常に不気味なんです。ただただ、その場所の写真がズラーッと縦に並んでいるだけ。文字もない。

しかもその写真は全部モノクロなんです。配信場で見ていたんですが、その中の一枚の写真が妙に気になった。

その写真は、お風呂があって、その前にちょっと細い廊下のようなものがあって、奥で左右に分かれている。その奥の左に曲がるところに、白い影がふっと浮かんで消えていったんですよ。

これ、写真なんですよね。

なので「写真って動かないよね、霊的なものなのかな」とちょっと怖くなったんですね。

またさらにずっと下へとスクロールしていくと、別の写真が気になった。

押入れを写したものなんですが、それを見た瞬間、うわっとびっくりした。

なぜなら、ものすごい威圧感を感じたんですよ、その写真から。

リスナーさんも「なにかいた?」とか、その写真が怖いと反応している。

この廃墟の存在を教えてもらったけれど、私は絶対に行きたくないと思っていたんです。ですが――これを教えてもらったのが二〇一一年十月だったんですが、年明けの一月三日に、行くことになったんですよね。

その日はすごく寒くて、雨も降っていました。

その廃墟がある場所にたどり着いて玄関が見えたところで「おお、この廃墟はもう見るだけでもイヤ、入るのはもっとイヤ」と思ってたんですが、来たからには行くしかない。車のドライバーと二人で来たものの、探索は一人です。

ひとしきり撮影を終えて、その頃にはちょっと場にも慣れてきたので、もう少し撮影しようかと思い、玄関先に定点のカメラを置いた。

僕はその当時、生配信をスマートフォンでやり始めていたんです。

玄関先に定点カメラ、僕はスマホで生配信、この二つでやっていた。

配信を始めてから少し経ったくらいのこと。

周囲は雑木林のように木が生い茂っている場所で、左側に玄関、その後ろに家の外壁があるんです。その右側の雑木林の方から、足音が聞こえてくる。

ザッザッザッ——

ん？　と思って見るのですが、誰もいないんですよ。人影はない。

犬とか動物の類かなと思っていたら今度は、左側からザッザッザッ——と聞こえてくる。

そうすると、正面からも同じようにザッザッザッ――と聞こえてくる。

気づけば足音に囲まれている。

雨の音では絶対にない、足音なんです。足音が聞こえてくるんです。

うわっこれなんだよ、恐怖があがってくる。

怖い怖いと思っていると、突然その足音が消えてしまった。

「なんだったんだろう、あの音は」

と思った瞬間、後ろから足音が聞こえきた。

後ろって――家の中なんですよ。絶対に誰もいるわけない、ひと通り回って誰もいないことは確認しているのですから。

目の前からしていた足音が、今度は後ろから聞こえてくる。

「うわわわ、なんだ！」

と立ちすくんでいたら、
ザッザッザッザッザッ――

と足音が家の中から出てくると、僕の横を通り過ぎていった。

恐怖もマックスになってしまった。

後にも先にもこんなことはないのですが、セットしていたカメラとかも全部持つと、僕はその廃墟から逃げ出してしまったんです。

離れてから、とりあえず心を落ち着かせると、もう一軒、廃墟に行く予定だったのでそこに行ってから家に帰りました。

家に帰ったその日、初めての金縛りに遭いました。

そしてその金縛りにあった次の日から、ある夢を見るようになったんです。

ただこの先は、この次がありましたら、お話しさせて頂こうかなと思います。

磁力

鏡太郎

ティッシュ配りのアルバイトをしていた体験者さん。だんだん仕事にも慣れてまいりますと、身も心にも余裕が出てきて、仕事が退屈に思えてきてしまった。

そして季節は真冬、非常に寒い毎日が続き、身体が自然と縮こまって、肩こりなんかもひどくなってくるような気がしていたんです。

何とかしてこの状況を打破したいと思った彼は、仕事をしながら道行く人を観察することによってこの寒さと暇を紛らわそうと思った。

「あの人、綺麗だな」とか「あの人はお洒落だな」とか、いろいろと思いながら人間観察をしていたのだそうです。

その中で、ある一組のカップルから目が離せなくなった。

彼氏と思しき男性が、彼女と思しき女性をおんぶして歩いている。

その姿があまりにも異様だった。

普通、人をおんぶする時っていうのは後ろに手を回して、後ろの人のお尻を支えると思うのですが、この男性は何にもしない。しないどころか、両手を振ってスタスタスタスタと颯爽と歩いているんです。

後ろの女性はというと、男性の首に手をかけて、そのまま後ろにずるずると引きずられるままになっている。

そんな二人が、自分よりも少し前の方を通過していった。

その姿を目で追っていると、しばらく行った先でふと、女性の腕が男性の首元からするんと外れたかと思うと、地面にうつぶせに倒れ伏してしまった。

そしてその姿勢のまま、じわーっと地面に染み込むようにして消えてしまった。

友人はそこで初めて、あの女性がこの世のものじゃない存在だということを認識したそうです。

男性の方に視線を送ると、小さく歩いていく後ろ姿が見える。

「あの男性は生きてる人間なんだ」と思うが早いか、先ほど地面に消えてしまった女性が、突然こちらに向かって歩いてくるのが見えた。

「うわっ」と思ったそうなんですが、とっさのパニックで身体が動かない。

「どうしようどうしようどうしようどうしよう……」

するとと女性の向こうから走ってくる、トレーニングウエアを着た中年男性の姿が見えた。

男性がその女性を追い抜いたと思った瞬間。

ベタッ
磁力で吸い付くかのように、女性が男性の腰元に手を巻き付けて貼り付いたそうなんです。

そしてそのまま、ズルズルズルズルズルズルズルズルと引きずられながら、友人の目の前を通過して――消えていった。

彼は、幽霊が人に取り憑く瞬間と剥がれ落ちる瞬間、この二つの現象を一度に目撃したのです。

これは気のせいかもしれないし偶然かもしれないんですけど、彼は一つ気づいたことがあったそうです。

それまであんなにひどかった肩こり、肩の重みが、なんともなくなってるんだそうなんですよ。

もしかしたら、彼自身も知らないうちに取り憑かれて剥がれ落ちて……という体験を自らの身をもって経験していたのではないかなと。

そんなお話を聞かせて頂きました。

牛のキーホルダー

壱夜

僕の知り合いの占い師さんに、ハルキさんという方がいるんです。この方は結構霊感が強くて、占い以外にそういった〈霊的な〉関係の相談を受けることが結構あるんですね。

新規でOLをされているユキさんって方が来られました。ひと通り占いが終わった後、「最後に、ひとつ聞いていただきたいお話があるんです」と言われたんですね。

ある日の朝。通勤で最寄りの駅まで歩いていて、信号待ちをしていました。黙って立って待っていたんです。

そうしたら、自分の腰の辺りをチョンチョンと触られた。見てみたら、顔が上げら

れないほど腰の曲がったお婆さんが右手になにか持っていて、

「落としたよ」

と言ってきた。

見てみたら、べっ甲で出来た牛のキーホルダーなんです。

「私のじゃないです」

とユキさんは言ったんですけど、お婆さんはもう片方の手でユキさんの手を掴むと、てのひらにキーホルダーを握らせて行ってしまった。

ユキさんは通勤途中で急いでいるので、とりあえずそれをコートのポケットに入れて歩き出した。しばらくすると、

「お姉ちゃん」

と声をかけられた。そちらを見たら、若いお母さんと小さな女の子なんです。

女の子が「これ、落としたよ」と、手に持った物を差し出す。

見たら先ほどの、べっ甲の牛のキーホルダーだった。

「あ、どうもありがとう」

と受け取ったものの、あれ？　いつ落としたんだろ。ポケットに穴でも開いてるの

かな、と思い、コートのポケットに手を入れて探ってみてもそんなことはなかった。

今度はそれをバッグに入れて、また歩き出したんです。

しばらく行くと「あのう――」と声をかけられた。

若い男性のサラリーマンなんですけど、その方が「落としましたよ」と手に持った物を見せる。

牛のキーホルダーなんですよね。

「え――どうもありがとうございます」

受け取ったものの、なんだか「ちょっと気持ち悪いな」と思い、誰も見ていないのを見計らって、キーホルダーを近くの植え込みの所にそっと置いた。

そして、駅の中に入って行った。

ホームで電車を待っていたら、「あのぉ」と声をかけられた。

え？　と顔を向けると、頭のハゲあがった中年のサラリーマンがいる。その人がカクカクと頭を左右に震わせながら「あのぉ……あのぉ……」と言っている。

その人の震える手には、あの牛のキーホルダーがある。

ユキさん、ちょっと気味悪く思った。

なに、この人。私がわざわざ置いてきたものを拾って、私に見せにくるなんて。

「いえ、私知らないです」

そう言って、その男性から離れるために、ホームの奥の方に歩いていくのですが、男性は「あのぉ……あのぉ……あのぉ……」と言いながらついてくる。

「あのぉ……あのぉ……あのぉ……あのぉ……」

その声がどんどんと大きくなってくる。

ふいに男性は線路の方に身体の向きを変えた。と思いきや、特急電車に向かって飛び込んだ。

もちろんその方は即死です。

監視カメラに全部映っていたので、自殺ということになった。

ユキさんはそのような体験をしてしまったのですが、

「あの牛のキーホルダー、私が持ったままだとしたら、ああなっていたのは私だと思うんです。そして、あのキーホルダーが、また私の手元に戻ってくるんじゃないかと思うと、怖くて、ものすごく怖くて――」

そういう相談だったんです。ハルキさんは、

「それは大変な思いをされましたね。お祓いができる方を紹介させていただきます。いつがよろしいですか」

と話をしたら、ユキさんは、

「じゃあ、この日でお願いします、どうもありがとうございます」

と、お祓いに行く日程を決めると、深々とお礼を言って帰り支度を始めました。

出口に向かいユキさんがくるりと後ろを向いた、その背中と肩に、両手をかけたお婆さんがしがみついていた。

ハルキさん、何も言えないまま、扉が閉まった。


これ、最初にべっ甲の牛のキーホルダーを渡してきたお婆さんが、自分のことを上手に隠すために、キーホルダーと自殺した一人の命を使ったんだと思うんですよ。

でも、お祓いができる方のところに行けば、まあ問題ないだろうと、ハルキさんは思っていたんですけれど、その方のところにユキさん、結局、現れなかったそうです。

話が違う

旭堂南湖

怪談にオチは必要ないのですが、この怪談にはオチがありまして、先にオチを言うと「話が違う」、オチは「話が違う」。

去年の夏の夜、大学生男女四人が車で心霊スポットへ出かけることになった。

「おい、武」

「なんだよ、雄太」

「今度の心霊スポットはどんなところだ」

「森の中の一軒家、お母さんと十歳ぐらいの娘が亡くなって、出るらしい」

「幽霊がふたり出るのか？」

「いや、幽霊は三人いるらしい」

「あと一人は誰だ」

「わからん」

鬱蒼と茂る森の中、曲がりくねった一本道、月の明かりに照らされて、真っ赤な屋根の一軒家。玄関脇に真新しい車が停まっている。

「誰の車だ？」

と同時にバーンと玄関から飛び出てきたのが、手に懐中電灯を持った若者三人、悲鳴をあげている。

驚いて懐中電灯を向けると中の一人、シャツが真っ赤に染まっている。

「やばいやばいやばい！　幽霊が三人いる、幽霊が三人いる！」

叫びながら車に乗り込んで、そのままどこかへと消える。

「どうしよう、やばいんじゃないか？　やめておこうか」

「せっかく来たんだし」

相談の結果、恭子と香織の女性二人は車に残ることになった。

武と雄太、懐中電灯を手に真っ暗な家の中を入って行く。

ゆっくり進む。

むにゅ。

なにかを踏んだ。ひょっとすると牛のキーホルダーか？　靴の裏を見ると違う。

三センチぐらいの大きさだ。手に取ると、ぬめぬめと血が付いている薄いピンク色
——人間の乳首か！　遠くへ投げ捨てる。

さらに奥へ、ドアがある。

開けて中を見る。ベッドが二つ、大きいベッドと小さいベッド。

「武。幽霊がいるとしたら二人じゃないか？　武？　武？」

「雄太、どういうわけか、急に体が動かなくなって」

「どうしたんだ？」

と廊下へ出てみると、武がこっちを向いて立っている。必死で体を動かそうとしておりますがびくともしない。

動かないはずだ。後ろに、背の高いゆったりとした赤いワンピースの女がいて、武の首を絞めている。足元には十歳ぐらいの女の子がしがみついている。

「どういうわけか、体が動かない」

「武、見えないのか」

「なにが？」

「幽霊二人」

「どこにいるんだ？」

「足下に女の子、後ろに背の高い女、赤いワンピース、やけにお腹が大きい」

ドサッ！

なにかが落ちた。

「はんぎゃあ、はんぎゃあ、はんぎゃあ」

赤ん坊が、まるで猫のように武の足から体、駆け上ってくるとシャツの中、ゴソゴソゴソゴソ、乳首を――。

「ぎゃああ！」

噛み切った。

「幽霊が三人いる！　幽霊が三人いる！」

雄太は叫びながら表に出た。車がない。

恭子と香織は、

「この家やばいよね」

相談の結果、先に逃げようと二人で車を走らせた。

「話が違う！」

呆然と立っている。その後ろで、

「はんぎゃあ、はんぎゃあ、はんぎゃあ、はんぎゃあ、はんぎゃあ、はんぎゃあ」

雄太が振り返ると、玄関には赤ん坊が十人もいる。

それを見た雄太は膝から崩れ落ちた。

——話が違う！

赤い顔

石野桜子

古い、聞いた話です。

Aちゃんという、小学三年生のすごくおとなしい女の子がいました。

学校でもずっとうつむいて、誰とも喋らない。給食も少ししか食べない。

隣の席のBちゃんは帰り道が同じってことがあって、ちょっとずつ親しくなりました。やがてAちゃんも心を開いてくれて「遊びに来てよ」と言ってくれるようになったんです。

Bちゃんはうれしくて、ある日遊びに行ったんです。こぢんまりとした二階建ての一軒家でした。

一階にあるAちゃんの部屋に通されたら、彼女いきなり、鍵を閉めるんです。

「なんで？　二人だけやんか」

そうしたらAちゃん、

「あんな、この家な、お化け出るねん」

「え？　なにそれ！　どんなんが出るの？」

「真っ赤な顔した、すっごい睨んでくるお化け！」

ああ、冗談言ってるんや、と思ったBちゃんは、

「わかった！　私が退治したるわ！」

そう言うと、子供らしい乱暴さで、家を探検し始めた。勝手にキッチン入って冷蔵庫を開けて、仏間まで入って。箪笥やら押入れやらどんどん開けていく。

Aちゃんはなす術もなく、おろおろしている。

「おらんなあ。よし、二階やで」

Bちゃんが行こうとした。その時、

「だめ！」

Aちゃんの金切り声が上がった。

「二階はだめ！　お父さんの部屋やから、私も絶対に上がるなって言われてる。絶対

だめ！」

そこで初めてBちゃん、自分がものすごく悪いことをしていたんだっていうことに気づいて、Aちゃんに平謝りしました。

そこからは、Aちゃんも快活な笑顔を見せてくれて楽しく過ごしたんだそうです。

そんなある日。

「今日、泊まりに来てくれへん」

Aちゃんが突然言うんです。

「どないしたん？」

「昨日な、鍵を閉め忘れて、勉強しててんやんか。そしたらな、部屋の隙間から、あの赤いお化けが覗いてた。あんな近くまで来るの初めてやねん……お願い、お願いやから泊まりに来て」

憔悴しきった様子でAちゃんが言います。

Bちゃんは冗談だと思っているけれど、あまりにかわいそうだから「いいよ」とその日泊まりに行くことにしたんです。

そうしたらAちゃんは、その日、初めて学校で笑顔を見せてくれました。

学校が終わり、Bちゃんは一度家に帰ってランドセルを置くと、お泊まりグッズを持ってAちゃんの家に行きました。

迎えてくれたのはAちゃんのお父さん。優しそうなおじさんです。

キッチンに案内されたら、Aちゃんはもうテーブルに座ってるんですよ。

Bちゃんは Aちゃんの正面に座ったのですが、Aちゃんはずっとうつむいて、じっとして動かない。

学校で初めて見た頃のAちゃんのようで「ええ？　またこんなんになってる」とBちゃんはちょっと残念な気持ちになりました。

Aちゃんのお父さんも気にしているようで、

「どうしたんや、A」

とご飯をAちゃんの口元に持って行くけれど、ポロポロポロポロ、こぼすばかりで食べない。

「こんなんじゃ、ご飯、美味しくない。楽しくない。せっかく泊まりに来てあげたのに！　もう帰る！」

Bちゃんは怒って、荷物を持って玄関を飛び出しました。

そうしたらAちゃんとお父さんも、あわてて玄関に見送りに来てくれたんです。

Aちゃんは手を振って、か細い声で、

「ばいばい……」

と言ってくれた。


実は、この時にはもう、Aちゃんはお父さんに殺されていたんです。

だとすると、どうやって手を振ったのか？

Aちゃんの背中に貼り付いていたお父さんが、彼女の手を持って振りながら裏声で言っていたんです。

「ばいばい……」と。

でも、Bちゃんは見ているんです。

その時、Aちゃんの口が必死に動いていたのを。


「逃げて――」

第4章

怪談最恐位決定戦

ファイナル第2・第3ステージ

第1ステージの勝者4名が、続く第2ステージで2人へと絞られる。いよいよ決勝戦となる第3ステージにたったのは壱夜と下駄華緒。最恐位2019を決めるファイナルステージの幕が上がる。

【ファイナル第2・第3ステージ出場者】

第2ステージ（準決勝）

ABブロック勝者：シークエンスはやとも／下駄華緒

CDブロック勝者：田中俊行／壱夜

第3ステージ（決勝）

壱夜／下駄華緒

第２ステージ
夢

シークエンスはやとも

僕は小さい時から幽霊が見える体質というか、そういう生活をしていまして——彼女の家に行くと湯船に先におじいさんが浸かっており、おじいちゃんと二人暮らしなのかなって思っていると一向に湯船から出てこないから、仕方なく一緒に入るっていうようなね、そういう生活をしているんですけれども——。

そんな僕が体験した恐怖体験の一つを、お話しさせて頂ければなと思います。

僕がですね、大学の四年生の時の話なんです。

もうほとんど単位を取っていたんで、あんまり大学行ってなかったんですよ。

あと二つぐらい科目が取れればＯＫだということで、バイトして夜、家に帰って寝てという生活をしていた中で、毎日同じ夢を見るようになったんです。

ある日、家に帰って寝ると――。

僕が知らないマンションの廊下を歩いていて、扉を〈ガチャ〉と開けると、中から知らない女の人が「おかえり」と言うので「ただいま」――目を覚ます。

妙にリアルな夢だった。

次の日、寝ると――。

また廊下を歩いていて、扉を〈ガチャ〉と開けると、同じ女の人が「おかえり」「ただいま」「今日仕事どうだった?」「いやあ今日、会議が長引いてすげえ疲れちゃった」――目を覚ます。

三日目、寝ると――。

廊下を歩いて扉を開けて、女の人が「おかえり」「ただいま」「今日仕事どうだった?」「いやあ今日、会議が長引いてすげえ疲れちゃった」「そう、ご飯できてるよ」「あ、そう、ご飯いただくわ」――目を覚ます。

毎日毎日、同じ夢の続きを見ていった。

日を追うごとに、どんどんどんどん夢の長さが長くなっていく。

一緒に飯を食い、お風呂にも入り、夜、男女の関係になる――そういうような、ずっと一緒に生活をする夢を見るようになった。

ただ、男性の方にとっては、聞いていると夢のような話に思えるかもですが。

でも全然なんです。言ってみれば美しい女性ではないんです。どちらかというと髪の毛もボサボサ、化粧気もなくていわゆる清潔感のないような、街では見かけないような少し汚らしい女性だったんです、若いですけど。

僕はそういうタイプの女性が好きではなかったので、とってもとってもしんどかったんです。

毎晩毎晩、その子と、ただいま、おかえり、どうだった、こーだったよって一緒に生活をするのを毎日のように見ていることが。

しかも夢の中で僕、自分の思ったことが話せないんですよ。

「おまえ誰だよ」とか「俺この家知らねえよ」とか言いたいんですけど、自分じゃない人が自分を操っているかのように、勝手に言葉が出ていて勝手に体が動いてしまうんです。

そんなふうに、寝ると別の家で生活しているような期間が続いて、昼も夜も起きているような状態だったので満身創痍だったんですね。全然寝た気がしない。

本当に疲れたな、と思っていた。


ある日、ゼミのために大学に行ったら、同じゼミのMちゃんという女の子が、

「はやとも君、実は前からちょっと紹介したいなと思ってた子がいるんだけど、今日、たまたま来てたから会わせてもいい？」

「いいよ、紹介してよ」

そうしたらMちゃんが「いいって！」と声をかけて来たのが、一ヶ月間、毎晩僕の夢に現れ続けていた女の子だった。

目の前に来て「うわっ」と思った。

ですけれど、僕は「霊感がある」せいで辛い霊体験をしてしまうことがある。つまり、例えばその女の子が僕のことを思ってくれていて、その思いを僕がキャッチしたことで勝手に変な夢を見て被害妄想的に思っていたとしたら……。失礼な話じゃないですか、相手が僕のことを好いてくれているとしたら——。

気にしちゃいけない、僕だけが見ている夢のことだ、ここは普通に接しようと。

「こんにちは」と言われて「あ、どうもはじめまして、はやともといいます」と言ったら、その女の子が下向いて笑い始めたんです。

「どうしました？」

　と訊いたら、その子が、

「だって、初めましてじゃないはずですよね」

え？　と思うとともに、さすがにゾッとして、

「ごめん、ちょっと俺、この後バイトがあるから、また別の機会にみんなでご飯とか行くわ。ちょっと今日はバイバイするわ、またね」

　と急いでその場を離れた。


　そこから一週間。ずっとまた同じ夢――その子と共同生活する夢を見続けた。

　さすがにもうしんどいぞと思って、その子を紹介してくれた同級生のMちゃんに全部話したんです。

「一ヶ月近くあの女の子の夢を見てて――俺の気のせいかもしんないんだけど、もしかしたら何か変わったことが、あったりとかってのあるかな」

そう言ったら、Mちゃんがすかさず、

「ごめーん‼」

と言うので「どうした?」と話を聞いたら——。


実は僕の夢に出ていたその女の子には、元彼がいました。

その元彼から、同じ相談をMちゃんはされていたらしいんです。

「毎日こういうおんなじ夢を見て、俺、身体の自由が効かないんだよ」

「あんたそれさ、別れたいだけでしょ? そういう口実つけてさ、ひどい話だよ」

「本当なんだ、信じてくれよ」

と言われてもMちゃんは全然信じなかった。その挙句、元彼は大学に来なくなって、自分の住んでいたマンションから飛び降りて亡くなっちゃったらしいんですよ。

当時Mちゃんは「まさか」と思って元彼の話を聞いていた。けれども、僕が似たような話をしているのを聞いて「本当だったんだ」と思ったんですね。それで、

「これは、あの友達が悪いわ、ごめんね、私からきつく言っとく。もう絶対そういう夢を見させせないように言っておくから」

「あ、ごめんな、ありがとうな、本当悪いわ」
とそれで話は終わりました。

その自殺してしまった元彼、別に霊感があるとか奇妙な体験をよくする人ではなかったんです。ごくごく一般的な男性、普通の大学生だったらしいです。

つまり、僕に霊感があったから、そんな夢を見てしまったわけではない。僕に霊感があったから、その子の思いをキャッチしてしまったわけでもない。

その女の子はおそらく、自分の意思で故意に、人の夢に出ることが出来る子だったんです。

そして別に、その子は幽霊じゃありません。

今は大学を卒業して、東京都内で就職をしております。

もしかしたら、皆さんの近くの職場の同僚として働いているかもしれないので、毎日同じ夢を見始めた男性は気をつけた方がいいかもしれません。

自身の恐怖体験で会場を恐怖に沸かせたシークエンスはやとも。

第２ステージ
ご遺体

下駄華緒

また葬儀屋さんの時の話をさせていただきます。

ある時、会社に電話がかかってきました。電話を取りましたら中年の男性の声で「すみません。母が亡くなりまして……」という電話だった。

話を聞いてみると、電話をかけて来たのは、亡くなった方の息子さんでした。亡くなった母親と今、家に一緒にいるので家まで葬儀屋さんに来てほしい、という電話だったんです。なので、僕ともう一人で寝台車というお棺を運ぶ車で、言われた住所に向かったんです。

向かった先は二階建ての一軒家。パッと見たところ、おそらく築四十年とか五十年とか経っているような土壁の家でした。

家に着きましたら、ガラガラガラガラガラッと扉が開きました。中から出てきたのは中年の男性の方。僕が「恐れ入ります。お電話いただきました葬儀社の者ですけども」と言ったら、男性が「お電話に出てくれた方ですね」と言ったんです。

その声を聞いて僕も「お電話してくれた方ですね」ということで話が通じました。亡くなられたお母様は、その二階建ての一軒家で一人で生活をされていた。今は一階の一番奥の部屋で布団の中で眠っていらっしゃるということでした。

「ではご挨拶させていただきます」ということで中に入っていきました。

家の中に入って玄関で靴を脱ぎました。正面には廊下が奥まで伸びています。靴を脱いで前を向いた瞬間に、その廊下の左右に大量のゴミ袋がズラーと並んでいるのが見えました。

（あれ？　もう、もしかして家を片付けてはるんかな？）

そう思いながらも気にせずに、男性の後ろを僕はついていきました。

廊下の左側にある扉がちょっとだけ開いていて、中が覗けました。見てみたら、その部屋の天井までゴミが山のように積み上がっている。

ここ、ゴミ屋敷だったんです。おばあさんが一人で家で暮らしているうちにゴミ屋敷になってしまったんだとわかった。そんなことをわざわざ口に出す必要はありませんから、そのまま一番奥の部屋に行きました。

奥の部屋はまだ普通で、お布団を敷いたその中にお母様――もっと言うとお婆ちゃんが眠っていらっしゃいました。そこで男性が「実はお葬式を家でしたいんですよね」とおっしゃった。

それを聞いた瞬間に（え、ここの家かな……）と、ちょっと思ったんですよね。

そうしたら男性が察してくれて「いやいや、ここから十分ほど車で行ったところに、私の自宅のマンションがありますから、そこでお葬式をしたいんです」と言う。「かしこまりました。でしたら、お母様もいったんお棺に納めさせていただいて、寝台車で皆さんと一緒に向かいましょう」ということで向かいました。

車で十分ぐらい、目的地のマンションに着きましたが、そのマンションを見た瞬間に僕は（あー、大丈夫かな……）と思うことがあったんですよね。

そこ、五階建てだったんですよ。

ご存知の方も多いと思いますけど、五階建てのマンションにはエレベーターがないことが多いんです。しかも男性の部屋は五階なんですよ。エントランスに行って確認したら、やはりエレベーターがない。仕方がないので「私ともう一人のスタッフ二人で、お棺を持って階段を上ります」という話をした。

階段というのは普通、上がってUターンして、もう一回上がる、ようになっています。Uターンするところがいわゆる踊り場——このマンションは、あろうことか踊り場がものすごく狭かったんです。

お棺が横のままで回らない。

つまり、お棺を上まで持っていけないんですよ。

引っ越しの箪笥でしたら立てて持っていけますけど、お棺の中にお母様が入っていらっしゃいますからね、絶対に立てられない。

どうしよう……となりまして、男性といろいろ話をしましたが、どうしても、どうしてもこの家でお葬式をしたい、と言う。

「それでしたら、この方法しかないんですがよろしいですか」

と承諾を得たのが、お棺の中からご遺体を取り出して、僕がおんぶして五階まで持っていく、という方法だったんです。

「じゃあすいません、よろしくお願いします」

ということで、僕、それをやりました。

一階でお母様を僕に背負わせて、その後ろには遺族の男性がついて、その状態で一階から二階に、二階から三階へと五階まで上がりました。

完全に力の入っていないご遺体って、めちゃくちゃ重たいんですよ。

そのご遺体はとても小柄なガリガリのお婆ちゃんだったのですが、二階に上がった頃には、もう僕は汗まみれになっていました。

三階まで上がりました。三階に上がった時に、あれ？　ちょっと嫌やなと思うことがありました。

ご遺体をおんぶしていると、僕の顔のすぐ左に、お婆ちゃんの顔がずっとあるんです。

そして、階段を上がるたびに〈コツン、コツン〉とお婆ちゃんの頭が僕の顔に当たるのですが、当たるたびにお婆ちゃんの髪の毛が首筋にサワサワサワサワ触るんです。

それがとても、こそばゆくて、嫌やったんですよ。本当は手で払いたかったんですが、おぶったご遺体を手で支えていますから絶対に放せない。

どうしようもないから我慢して、四階まで上がりました。でも四階に上がった時に、これはなんかおかしいな、と思った。

首筋に当たっているお婆ちゃんの髪の毛が、動いてるような感じがする。

あれ？　と顔をグイッと曲げて、横にあるお婆ちゃんの顔を見た。

口から髪の毛が出ている。

え、これなに？　と思ってお婆ちゃんの口元に顔を近づけて見てみたら――。

これ、ゴキブリの触角や……。

そのまま無視して五階まで、一気に駆け足で上がりました。

五階の部屋に着いたらお棺の中に、すぐにご遺体を納めたんです。納めて整えている間に口の中を見たんですけど、ゴキブリの姿はないんですよね。

実際のところはわからないんですけど、最初に見たものは、髪の毛だったのか、それともゴキブリの触角だったのか……。

そういうことがありました。

舞台上で雄弁に体験談を話す下駄華緒。

第2ステージ

私のもん

壱夜

ホステスをされている二十代のミリさんという方から聞いた話です。

ミリさんは、幼少期に母子家庭で育ちまして、お母さんも今のミリさんみたいにホステスをされていました。

このお母さん、仕事が終わって帰ってきた時に、必ずミリさんと二人でする儀式みたいなものがあったそうです。

明け方に近い深夜、帰ってきたお母さんはミリさんを起こして「はい、ミリ起きて。じゃ正座して正座」と言って座らせる。

「あんたはね、私が選んで産んだんだからね。だから、あんたは私のもんなんだからね、わかってる？　私のもんなんだからね。はい、じゃあいつもみたいに、お母さんありがとう、って言ってまた寝な」

「おかあさん、ありがとう」

これを毎晩やるんです。

なかなかハードな話だと僕は思ったんですけど、ミリさんにとってそれは当たり前の日常で、そのお母さんが言う「私のもん」という言い方も、ミリさんにとってはお母さんの愛情が感じられて、すごく嬉しかったんだと言うんですね。

ミリさんが小学校三年生になった時のことです。

学校が終わって「お母さん、ただいま」と家の扉を開けたら、お母さんが首に縄をつけた状態で部屋の中でぶら下がっていたんです。

当時付き合っていた男性に裏切られて多額の借金を背負う形になり、人間が信じられなくなって、お母さん、そんなことになってしまった。

お母さんのご両親、ミリさんから見てお祖父ちゃんお祖母ちゃんはお二人とも健在だったということで、ミリさんは引き取られました。

お祖父ちゃんもお祖母ちゃんも「こんなことになるんだったら、もっとあの子のことをちゃんと考えてあげればよかった」とすごく後悔されて、その分、ミリさんによくしてくれたそうです。

ミリさんが小学校を卒業して中学校三年生の当時、進路をどうするとなった時に、祖父母に「あんたは好きな所に通っていいんだからね」と言われた。

美容師に憧れがあったミリさんは、美容師の資格と高校卒業の資格が両方取れるというところがあり、そこに進学しました。そして美容師になったんです。

ただ、美容師の仕事はなかなか大変だっていうんです。美容師になっても、そこから続けられる人は三割もいないそうです。

ミリさんも数年働いたものの、人間関係でだめになってしまって、その次に就いた仕事というのが、お酒を作って接客するホステスという仕事だったんですね。

そうなってからミリさん、自分の部屋で、幽霊を見るようになったそうです。

ミリさんが寝ていると、居間の中央の方から、軋むような奇妙な音がしてくる。

そうすると、寝ているミリさんの顔が無理やり音がする方向へ、何者かによってグンと向けられる。

そこにある光景を見させられる、というのです。

そこに赤ちゃんが三人いて、その子たちがキャッキャャッ言って騒いでいるのですけれど、その上部、天井から、今度は人のつま先が降りてくる。

足首が見えて太ももが見えて——どんどんどんどん、少しずつ人が降りてくる。

そうなると、さっきまでキャッキャッ言っていた赤ちゃんたちが、黙ってそれを見上げだす。

ホットパンツが見えて淡い色のキャミソールが見えて、ガリガリに痩せた女の人が降りてきた。

肩口が見えて首が見えてそろそろ顔見える——でも、顔が降りてこない。

首が、グーッグーッと伸びて、首が伸びたガリガリの人が降りてくる。

下にいる赤ちゃんたちの手が届くところまで来たら、一斉に足首に掴まって身体を左右に激しく揺さぶり出す。

女の人の首が、天井部分からブチッと千切れ、その身体がミリさんの方に向かって倒れてきた瞬間、何もかも消えた。

それをミリさんは定期的に見る。

「すごい話ですよね、怖いなあ」

そう僕が言ったら、

ミリさんは、

「すごい話だと思うんですけど、私、別にそんなに怖いとは思ってなくて。降りてくる女の人なんですけど、お母さんなんですよ。顔が見えないんですけど、私がちっちゃい時にお母さんがぶら下がってるのを見つけた時と、同じ服を着てるんで、これ絶対お母さんなんですね。でね、赤ちゃんたちも別に怖いとは思ってなくて。私のきょうだいなんですよ。お母さん、私の上に二人、下に一人の合計三人、産んでいない子供がいて。私が選ばれたって、そういうことなんです。小学校三年生の時に、私、お母さんに詳しく聞かされて、その時ね、私すごい嬉しかったんですよ。だって、すごくないです？　お母さんに選ばれて、私だけお母さんから生まれてこられたんですよ？」

そこまで聞いて、僕、めっちゃ引いているんですよ。

「あーそうなんですね。まあ、ホステスされるようになって、お母さんとの関係が深くなって見えるようになったのかもしれないですね。赤ちゃんたちも、足を引っ張っているっていうの、もしかしたら甘えたいというようなことなんですかね。みんな、天国行けたらいいですね」

僕が気を使ってそう言ったら、

「えーっ、嫌ですよぉ」

と、ミリさんは言うんですね。

「だって天国なんて、そもそもあるかどうかわかんないですし。お母さんは、これから私とずーっと一緒にいてくれないと。だってね、お母さんは――」

私のもんだから。

ミリさんね、昔、お母さんに言われた同じセリフをね、ニコニコしながら僕に言いました。

ミリさんとお母さんと赤ちゃんたち、ミリさんが生きている間もその先もずっとずっとずーっと、みんな一緒なんじゃないでしょうかね。

お母さんのことが大好きな、若いホステスさんから聞かせていただきました。

壱夜の怪談に聴衆が身震いする。

第２ステージへと勝ち進んだ４人。左から
シークエンスはやとも、下駄華緒、田中俊行、壱夜。

第3ステージ
家族の絆

壱夜

二十年近く前のお話です。

今まで誰にも話せないで、ずっと心に留めていたという話を、先日聞かせていただきまして、せっかくの決勝戦なので話させていただこうと思います。

当時、女子大生だったトモさんは、実家から大学に通っていました。家族構成はお父さんとお母さん、父方のお祖母ちゃんとトモさんの合計四人です。

実家は一般的な一軒家で、居間があって台所があって、トイレがあって風呂があって。あとはお祖母ちゃんの部屋があって仏間がある、これが一階です。

階段を上って二階にトモさんの部屋があって、お父さんお母さんの寝室があって、あとは書斎とは名ばかりの物がごちゃごちゃと置かれている部屋がある。

そういった感じの家に四人で住んでいました。

お父さんとお母さんはとても仲がいい。

だけど、お祖母ちゃんとお母さん、これがとても仲が悪いんです。

嫁姑問題というよりお互いの我が強いので、しょっちゅうその衝突があってどちらも折れないという感じだった。トモさん的には、ご飯を作ってくれるのも洗濯してくれるのもまた「テレビのあれも面白かったね」なんて話をしたりするのもお母さんなので、結局はお母さん寄りなんですね。

そうなると、お祖母ちゃんは面白くない。だから、孫のトモさんのことをあまり可愛がっていない。

お父さんは一人息子なこともあり、母親のことをもちろん大事にしたい。妻と母親が喧嘩をしていたら「まあまあ、まあまあ」みたいな感じでお父さんがうまいことバランスを取っている、そういう家庭だったんです。

ある日の朝、家族みんなでご飯を食べていたら、お父さんが急に苦しみ出して倒れてしまった。すぐに緊急搬送されたものの心筋梗塞でお父さんは亡くなってしまった。

そうなってすごく落ち込んだのが、お祖母ちゃんだった。

一人息子、自分の唯一の理解者、それを自分より先に亡くしてしまった。ものすごく気落ちしてしまって、人間の心に通っている何かがポキッと折れるような感じで、急激に老け込んで痴呆になってしまった。

そうすると、お母さんとの力関係が変わってきます。

お祖母ちゃんは、それまで出来たことが出来なくなって、介護が必要になってきた。下の世話をしたりとか、入浴の介助が必要だったりする。

お母さんは「あーもうお祖母ちゃん、あれも出来ないこれも出来ない、困った困った」と、本人に聞こえるように言ったりする。

お祖母ちゃんもつらかったんじゃないかと思いますが、昔の人なもので、足腰は丈夫なんですね。だから家の中を歩き回るんです。階段の手すりを伝いながら、意味もなく上がったり下りたりを繰り返したり――。

また、一階のお祖母ちゃんの部屋の箪笥の上に、日本人形が置かれるようになった。元々お祖母ちゃんが大事にして飾ってあった人形なのだけど、呆けてからそれを自分の子のように胸に抱いて「かわいいね、かわいいね」とずっと撫でていたりする。見かねた母親が、お祖母ちゃんの手が届かないようにとそこに上げてしまったのです。

こんな風になっちゃったお祖母ちゃんですが、ある日、階段の上り下りしている時に、ダダダダダダダッと下まで落ちてしまいました。

打ちどころが悪くて、意識が戻らない状態になった。

歳を取ると、なにか一つおかしくなると、どんどんどんどん体が弱るんですよね。

結局衰弱して、お祖母さんは亡くなってしまった。

病院から葬儀場に運ばれ、葬儀の準備が進む中、トモさんはちょっと家に戻るタイミングがあった。

何気なくお祖母ちゃんの部屋をチラッと覗いたら、箪笥の上に置かれていたはずの日本人形が畳の上に落ちているのに気がついた。

あれ？　と思って部屋に入り人形を取り上げると、落ちた時に机の角にでもぶつかったのか人形の顔面がバッキバキに割れていた。

ああ、これ、お祖母ちゃん、大事にして可愛がっていたんだよな。

トモさんはそう思って、人形を持って葬儀場の方に戻ると、お祖母ちゃんの棺の中に入れて一緒に焼いてもらった。

あれやこれやと忙しくしているうちに、お祖母ちゃんの四十九日が終わりました。

トモさんは、大学生として学校にはもちろん行かなきゃいけないし、バイトもしたい友達とも遊びたい、彼氏とも会いたいし、という感じで毎日忙しくしていた。

そんな中、一人旅が趣味だったトモさんは、最近どこにも行っていないなぁ、なんて思いながらテレビを見ていたら、神社仏閣巡りみたいな特集番組があり、ああこれいいかも！　と思った。

あまり休みは取れないから、学校とバイトの休みをうまいこと調整して、一日で回れるよう予定を詰めて計画を立てた。

とにかく予定を詰め込みすぎたので、いざいろいろなところを回って最後に行く予定の神社に着いた時には、もう夜の七時前ぐらいの時間になってしまった。

そんな時間に普通は神社に入りませんよね。でもその神社は参道が綺麗にライトアップされていたので、行ってみるか、とトモさん境内に入って行った。

案の定、他には誰もいない。シーンとした状態で二礼二拍手一礼のご挨拶をして、帰るぞ、と思って本殿に背を向けたら――。

本殿の方から、カタッと音が鳴った。

え？　とトモさんが顔を向けると、本殿の賽銭箱が置いてある所へ上がる階段に、人形が置いてある。

思わず近寄ってみると、それは日本人形で顔面はバキバキに割れている。

お祖母ちゃんの人形だ。

言葉をなくして見ていたら、その人形の口の部分が〈ガキガキガキガキ……〉と音を立てて開閉している。

「くやしいね、くやしいね……」

お祖母ちゃんの声だ！

「くやしいね、くやしいね、わたしはね、あいつにおとされたんだ、くやしいね、くやしいね……」

トモさんは怖すぎて、そこから一歩も動けなくなった。

「でもね、あいつも、もうおわりだからね――うれしいね、うれしいね、うん、うれしいね、うれしいね、うんうん、うれしいね、うれしい、うれしいうれしいうれしいうれしい……」

人形は、バキバキに壊れた顔面で「嬉しい」と言い続けている。

怖い怖い！　そう思っていたところ、肩口をとんと叩かれた。

はっと見ると、それは神主さんだった。

「どうかされましたか？　大丈夫ですか？」

声をかけられて我に返ったトモさんは、本殿の方に目をやった。

でもそこには人形は無いんですね。

力が抜けたようになったが「なんでもないんです、ありがとうございます」と答えると、すぐにその場を後にしました。


「あいつって絶対、お母さんのことだよなあ。お母さん、お祖母ちゃんになんかしたの？　しかも、もう終わりとか言ってたよなあ。お母さん、どうなるんだろう。私になにができるんだろう」

そうやって思い悩みながら、トモさんは日々を過ごしていました。

ある日のことです。

トモさんとお母さんは、トモさんが運転する車で買い物に出かけました。

その時に、トモさんは大きな事故を起こしてしまうんです。

幹線道路の見通しのいい一本道です。そこをトモさんが運転して、お母さんと話でもしながら走っていたんだと思います。

そうしたら急に、ハンドルがクッと取られたかと思うと、立木にドンっとぶつかってしまい……トモさん、亡くなってしまった――。


この話は、僕が直接トモさんから聞かせて頂いた話ではないんです。

トモさんが生前に「こんな体験してね、どうしたらいいんだろう、なにができるんだろう」と相談をしていた地元の友達の女性の方から聞かせていただいたんです。

その後、トモさんのお母さんは「自分だけが生き残ってしまった」ということですごく心を痛めて、次第に心を病みましてね、施設に入ってしまった。

トモさんに相談されていた女性は、このような話を誰にもできなくて、二十年近く自分の胸にしまい続けてきた。

でも去年の夏、お盆の頃に女性が実家に帰った時、両親から、

「あなたが仲の良かったトモちゃんっていたでしょ？　あのトモちゃんのお母さん、今までずっと施設で生活されていたそうなんだけど、先日亡くなったのよ」

そのように聞かされた。

そしてずっと空き家になっていたトモさんの実家も、最近取り壊されたそうです。

それで彼女は、自分もこの気持ちにひと区切りをつけたい、そう思って僕の方にお話をしてくれたんですね。

二十年近く、ずっと思いを留めてきたのは苦しく、つらいことだったと思うのですが、僕としては、ちょっと納得ができないと言うか、腑に落ちないと思う部分がありまして――。

だってお祖母ちゃんね、トモさんのことをそんな可愛がっていなかったといったって、血の繋がった孫を使ってそんなことするでしょうか？　家族ってそういうものじゃないでしょう？　僕は正直そう思ってしまって、この話をくださった女性に、

「お祖母ちゃんの死とトモさんの事故のつながりはどうなんでしょうね？　関連性はどうなんでしょう？」

と話をしたら、彼女は、

「関係あると思ってます」

と言う。

「トモちゃんね……お母さんの連れ子だから、お祖母ちゃんと血が繋がっていないいんですよ。だから、あんまり可愛がっていないし、全然懐いていない、血の繋がりのない孫を使って、嫁に復讐したんだって、私はそう思っています」

血の繋がりも、心の繋がりもない家族ですか…これはもう、他人なのかもしれないですよね。

といったお話を、四十代の主婦の方から、聞かせていただきました。

第3ステージ

お祖母ちゃんとの思い出

下駄華緒

僕、ものすごいお祖母ちゃん子なんですよね。小さい頃、両親がある理由で離婚をしまして、ずっと母子家庭だったんです。

母親は朝から晩までずっと働いていますから、僕が朝起きた時にはお祖母ちゃんが朝ごはんを作ってくれていました。夜ご飯もお祖母ちゃんが作ってくれる。夜になったら母親が帰ってくるの楽しみにして、ずっと寝ずに頑張るんですけれども、結局寝てしまって……。週末ぐらいしかほとんど母親には会えない、そういう生活をしていたんですね。なので一時期は僕、お祖母ちゃんのことをお母さんと呼んでいたらしい。

そんなお祖母ちゃんとの思い出で、印象に残っていることがあります。

二人で田んぼのあぜ道を、手をつないで歩いている。そうしたら、空に鳥の大群が、すごく近いとこでバサバサバサバサと夕日のほうに飛んで行った。

それがすごく綺麗で、記憶に残っていたんです。

僕も大人になりまして、お祖母ちゃんが体調不良で入院することになったんです。入院した時に「あのね、あなたとの思い出ですごく印象に残ってることがあるの」と教えてくれたのが、その田んぼのあぜ道で二人で一緒に手を繋いだ時の話やったんです。それが僕、すごく嬉しくて。おばあちゃんと同じ記憶を共有してたんだなあと思って本当に病室で泣きそうになったんですけど、グッと堪えて「そうなんやあ。僕もそれ、覚えてるよ」っていう話をしたんです。

それから数日後、お祖母ちゃんは亡くなりました。僕はもうすでに火葬場職員をやってから葬儀屋さんになっていた。だから僕は、自分でお祖母ちゃんのお葬式をやって、自分の働いていた火葬場におばあちゃんのご遺体を持って行って火葬して、と自分で全部やったんです。その時に「この仕事やっててよかったな」と思いました。骨になったお祖母ちゃんを家に持って帰って、リビングで僕と母親でお祖母ちゃんの思い出話をしました。こんなことあったよね、あんなことあったよね、と。

その中で、僕がおばあちゃんとの記憶で一番古い、一番印象に残っている話というのがあるんです。

それは、僕が本当にちっちゃかった頃。

まだ両親が離婚をしていなくて、毎年夏休みになると、父親が車を運転して、父親の叔母の田舎——兵庫県北部に車で行って、その叔母さんのところで何日間か泊まって過ごすという恒例の行事があったんです。

その日も父親が運転席で車を運転して、助手席には僕の母親、後ろにはお祖母ちゃん、そしてお祖母ちゃんの膝枕で眠っている僕——そんな感じで道路を走っていました。

途中にあるトンネルに入った。そのトンネルは当時、地元で〈このトンネルを通ると何か悪いことが起こるから避けた方がいい〉と言われていたトンネルだった。

そのことを知っているのは地元にいた僕の父親だけで、母親もお祖母ちゃんもそんな話を知らなかった。僕の父親も「怖がらせたらいけない」と、黙ってそのトンネルを抜けようとしたそうです。

トンネルに入ってしばらくすると、お祖母ちゃんの膝枕で仰向けになって寝ていた僕が、急に手を合わせて拝むような仕草をしながら「わあああああ」とひきつけを起こしたようになったんです。

　助手席に乗っていた僕の母親がそれに気がつき、

「え？　なにこの子、どうしたの？　どうしたの、どうしたの、大丈夫？」

と言い出して車内が混乱状態になった。父親は、これは何か起こってるなと思って、あえて冷静に前を向いて車を運転して、なんとか早くトンネルを抜けようとした。

　そしてトンネルを抜けました。抜けた瞬間に僕はふっとそのまま、また寝たらしいんです。これらのことを僕は全然覚えていないです。

　トンネルでそんなことがあったと、叔母さんの家に着いて皆で話をしていたら、実はその叔母さんというのが、地元でちょっと有名な能力者だった。

「この子は何かちょっと悪いものに取り憑かれているかもしれない。今晩はこの部屋でこの子一人で寝かせましょう」

　話を聞いた叔母さんはそう決めたそうです。

　その部屋というのは、四畳半で大きな仏壇が置いてある――仏壇のための四畳半の部屋なんですよ。その部屋の真ん中に布団をポツンとひいて、四隅に盛り塩をする。

　そこで寝るように、と言われたんですよね。

その時の記憶は残っていて、ずっと親と一緒に寝ていたから、叔母さんの家で急に一人で寝かされて、寂しいな寂しいなと思いながら寝た記憶があるんです。

ただ子供ですし、疲れていたんですぐに寝入ってしまった。

この時に僕、すごく怖い夢を見ました。その夢は——。

寝ていた僕の周りで、バタバタバタ、バタバタバタバタ、と音がする。なんか音がするな、と思って薄目を開けたら、人の形をしたモノが部屋の中をずっと走り回っている。うわあ怖い！　と思い、布団にそのまま包まって目をつぶっていたら——いつの間にか寝ていました。

朝になって目が覚めて、部屋の襖を開けて出て行ったら、大人たちがなにやら騒がしい。「どうしたの？」と聞いたら——。


昨夜、僕の寝ていた部屋からバタバタバタバタバタと妙な音がする。叔母さんが部屋の襖をバンッと開けたら、僕自身が部屋の中をバタバタとずっと走り回っていた。

叔母さんが「この子を今から先生の所に連れて行く！」ということになった。

先生というのは叔母さんの師匠みたいな人で、地元で本当に有名な霊媒師なんです。

除霊をしてもらうから先生のところに今から連れて行く、と言うんです。

その時、僕はものすごく嫌がったらしい。

「嫌だ嫌だ！　怖い怖い！　イヤイヤ！」

そう泣いていたらしいんですが、お祖母ちゃんが僕と手を繋いでくれて、

「大丈夫やで。お祖母ちゃんも一緒に行ってあげるから。一緒に行こう」

そう言ってくれました。それで僕は安心して霊媒師のところに行ってお祓いを受けました。そうすると、その日からまったくそういった怪奇現象がなくなりました。

「そんなことがあったよね」と、お祖母ちゃんが亡くなった後に僕は母親に言ったんです。そうしたら母親が「え？　違うで」と言う。

「え、なにが違うの？」と聞いたら、「いやいや。部屋の周りをバタバタ回ってたのは、あれお祖母ちゃんやで」と。

「僕は、自分がグルグル回ってたって聞いたんやけど」

「そっか、あんた、ちいちゃかったからや。ちっちゃいあんたにね、お祖母ちゃんがバタバタ走り回ってたって言うと怖がって、あんた、お祖母ちゃんのことが大好き大

好きって言ってるのに、お祖母ちゃんのことが嫌いになってしまったら困るから」と、ある意味、優しい嘘をついてくれてたらしいんですよ。それを大人になってから初めて聞かされて、そんなことがあったんや、と知ったわけです。

ということは、僕が夢だと思っていたのは夢じゃなかったんですよ。

本当はお祖母ちゃんがバタバタと僕の周りを走り回っていたんですね。

そして霊媒師さんところに僕を連れて行く、と叔母さんは言っていたけれど、メインは僕じゃなくてお祖母ちゃんやった。僕は、お祖母ちゃんに憑いた何かに狙われているということで一緒に行かされたんです。

ああ、そんなことがあったんやなあと、ちょっと複雑な気持ちになったんですけど、本当のことが聞けて良かったなと思いました。

ふと、母親が「実はね、あの時、お祖母ちゃん、なんかおかしいなあ、と思ってたんよね」と言い出した。

「いつ、そういう風に思ったの？」

「あのトンネルに入った時――」

トンネルに入って、寝ている僕が「わあああああ」と言いながら手を合わせてたのを見て母親は混乱して「どうしたの？」と言っている。父親はまっすぐ前を見て運転して「頑張れ！頑張れ！」と言っていた。

その時、母親はお祖母ちゃんの顔を見たんです。

お祖母ちゃんは、膝の上でおかしくなっている僕を見ながら、ニヤァァァァとずっと笑っていたのだそうです。

そのトンネルは完全に閉鎖されていて今は入ることができません。怪談を語るにあたって、インターネットで久しぶりに調べたんですが……まったく出てこないんです。皆さん、あちこち行かれた時に、その地元の方が「ここはちょっと危ないね」と言っている場所というのは、やっぱりちょっと気を引き締めて、警戒して行っていただいたほうがいいのかなと思います。

今日は怪談最恐戦です。この話は、僕のお祖母ちゃんとの中で一番記憶に残っている話。それを一番最後に、こういう風にお話をさせて頂けたというのも、また何かのご縁かなとも思います。

結果発表！

決勝戦を語り終えた二人の得票数はほぼ互角。厳正な審査を経て、優勝者の名前が大会審査委員長から告げられた。
怪談最恐位に輝いたのは下駄華緒。前年度の怪談最恐位ぁみよりトロフィーを授与され、賞金百万円を受け取った。

決勝を戦い抜いた壱夜と下駄華緒。

前年度怪談最恐位ぁみよりトロフィーを授与される。

優勝賞金を獲得、会場はいっそうの熱気に包まれた！

決勝大会出場者とＭＣ、審査員陣。

スペシャルゲスト・前年度怪談最恐位

怪談二話

あみ

普段から全国各地を回っていろんなお話を集めたり、全国の怖いスポットや肝試しで行くような場所に行ったりもしております。

そんな中、いろんな怖い体験談やちょっと変わったお話をいただく事もあります。


二〇一八年の夏のことです。

沖縄にある商業施設で怪談ライブをやらせていただきまして、二日で四回公演がありまして、各公演に百人ぐらいの方が来て下さったんですけど、終わった後ロビーにいるとありがたいことに「面白かったです」などと感想を言ってくださる方々もおられる中、「あみさん、聞いてくださいよ」と話してくれる方々もおられるんです。

「こんな話があったんですよ」という方もいれば、「これ聞いてくださいよ、僕の友達がね……」と言う方もいる。

そんな中「あみさん、ダメですよ、あんな所に行っちゃ！」と言う方がいました。

なんでそんなことを言われたかと言いますと、そのライブの数ヶ月前、沖縄にニコ生（インターネット生配信）の番組の企画で行ったんですよ。

僕は、やらせていただいているニコ生の番組企画でよく心霊スポットと呼ばれる場所やパワースポットなどにも行っておりまして、ある時、沖縄の南部にあるとある岬へ行ったんです。ここは肝試しで地元の人がよく行く岬としてすごく有名なんです。

激戦地だった時代に人がたくさんそこから飛び降りたとか、下が入り江になっていて、そこに死体がすごい浮かんでいたとか。悲しい歴史がある場所なんです。最近でも飛び降り自殺が度々起きているとも聞きます。

今ではその崖の上には手すりがあるんですが、上から崖下を見下ろすと女性が立って見上げてきているとか、下から人が這い上がってくるとか――そんな噂がある怖い場所なのです。そこへ行かせていただきました。

那覇の繁華街から車で三十、四十分。時刻は深夜近い中、走っていくにつれてどんどん田舎になっていきます。

途中から田畑が見えてきて生い茂っている草木も見えるのだけど、闇も濃くなっていく。と突然、視界がパーンと広がるんですよね。そこはもう岬の敷地になるんです。向こうの方に灯台もあったりして。

ここの岬には崖の手前に広い駐車場がありまして、車をその敷地に入れて手前に停めると、そこから崖まで五十メートルぐらいで行けます。

崖の手すりから見下ろすと断崖絶壁となっていて、下の方には波の打ちつける海面や場所によっては岩場があるんです。とりあえず駐車場に入ると車を停めて、僕が一人で崖の方へ歩き出す——という企画でした。

その番組を自宅で見てくださっていたようで「あそこ、ほんとダメですよ。僕らも行ったんですよ……」と、その人が聞かせてくれた話なんですが——。

地元でやはりその岬は有名なもので、免許を取るとよく行くのだそうです。

その彼も、免許を取って車を購入すると、地元の友人たち男三人で肝試しをしようという話になって夜中に岬に向かった。

崖の手前の駐車場に入ってすぐのあたりに車を停めて、懐中電灯を片手に三人で歩いて崖の方まで歩いて行ったそうなんです。そして手すりから下を見下ろした。沢山の人が亡くなっていることも知っているし、女が立っている、目の前に這い上がってくる、そんな噂も聞いている。下から上がってきた女に脚を掴まれた人がいる、なんてことも聞いているんです。だから下を見ているだけでも怖い。そこを懐中電灯で照らすとさらに怖いんですよ。

「怖いな」「どうする?」――話をしているうちに「ジャンケンをして負けた奴が一人でここに残って、懐中電灯で下を五分間照らす」ということになった。

(負けたら最悪だ)

そう思いながらジャンケンをして、彼は勝つことができた。

「マジかよ!」

本気で悔しがる友人を一人、崖に残し、勝ち抜いた友人と二人で笑いながら車の方に戻った。車を崖の方に向けて停めておいたので、ヘッドライトを点けて崖の上にいる友人を照らしてあげた。明かりの先で負けた友人が崖の上から下を覗く姿が見えている。その姿にまた笑いながら、自分は運転席に、もうひとりは助手席に乗って一服しながら、「おお、覗いてるなあ」などと言っていた。

その姿をジッと見ていたのだけれど、五分って意外に時間がある。

二人で何気ない会話もしながらたまに崖の方を見ていると、友人が手すりの向こうに乗り出していた身体を起こしたのがわかった。

（おっ。もう五分経ったかな？）時計を見るとちょうど五分経っていた。

手すりから身体を起こした友人は、ゆっくりとこちらに振り返り、歩いて戻ってきている。

「あああ怖かったよぉぉぉ」と言いたげな、泣きそうな表情になっているのが見える。

ヘッドライトの明かりの中、その表情のままこちらに向かって歩いて戻ってくる。

「ん？」

こちらに向かって歩いてくるそのすぐ後ろ、真っ黒い人が三人ついて来ている。

「え？　ちょっとちょっと、えっ、あれ？」

友人は変わらず「怖かったよぉぉ」という風に顔をしかめてこちらへ歩いて来る。

そのすぐ後ろに、黒い人が三人肩をいからせているように、ぐんぐんとついて歩いている。

「あれ、見てくれよ！」

助手席の友人に声をかけ、前方に指をさした。

「なんだよ」

助手席の友人はジーッと見た後、妙な顔をして「なにが？」と言う。

「ほら、あいつの後ろに、ほら！　ほら！」

「え？　なに？　後ろ？　なんだよ？」

まったく見えていないようだ。

「うそだろ！　あれなんなんだよ！」

そう言っている間に、向こうから友人はどんどん車に近づいてくる。その後ろの黒い人たちも、同じように一緒に歩いてくる。

ヘッドライトに照らされた中、もうあと何メートルかという目の前のところまで来た時、後ろの人たちは友人の背中に張り付くほどすぐ真後ろに迫っていた。

突然その黒い人たちは、それぞれが両手を伸ばして、友人の身体を後ろから抱え込んでいった。

友人の身体には、後ろから前に回された六本の黒い腕がまとわりついている。

「うわあああ」

見ていた彼は、あまりの恐怖に声が出た。

しかしその友人は、身体に六本の手をまとわりつけた状態のまま「怖い怖い」と言って車の後部座席の扉を開けて乗り込んできた。

「うわぁーーー」

運転席から飛び出して外に逃げ出した。

パニックになって崖の方に走るが、そこも怖い場所だとハッと気がつき「うわあ」と振り返り車の方に走る。すると車内の後部座席で黒い人たちに囲まれている友人がいる。それを見てまた「うわあ」となる。

助手席にいた友人からすると、異様な光景ですよね。窓を降ろすと「どうしたんだよ」と声をかけてきたんです。

「いやだから、そこに乗っているのが――」

と、外から車内の二人に、先ほどから見えていたものを説明した。

何も見えていなかった二人だけれど、彼の話を聞き「それはちょっとヤバイ」と慌てて出した。

幸いに、助手席の友人のお祖母ちゃんが、ユタという沖縄の霊能者だったので、

「バアちゃんに連絡してみるわ」

と実家に連絡をした。電話に出たのは母親で、状況を話すると、すでに時刻は夜中を過ぎていたけれど、母親がお祖母ちゃんを連れてここまできてくれるという。

もうすでに寝ているお祖母ちゃん起こし、また、連れてくるために運転していた母親は、現場に着いた途端、

「おまえ、なにしてるんだ！」

と完全にキレて、彼らを怒鳴りつけた。

お祖父ちゃんと母親にさんざん怒られながらも、なんとかお祓いをしてもらうことになった。すると、友人の身体に絡みついていた六本の腕はなくなったという。

「ぁみさん！　そんな場所なんですよ！　たまたま友人のばあちゃんがユタだったからよかったけど、そうじゃなかったらと思うと……」

そんな話を聞かせてくれました。

僕の知人で、二歳年上のりょうさんという男性がおられまして、埼玉の方のとある商店街沿いにあるご自宅で生まれ育ったそうです。

この方が小学生の時ですね、普段、学校が終わって帰ってくると、夕方の日が暮れるちょっと前くらいに、いつもお母さんが部屋に呼びに来て「買い物行くよ」って声かけてくれるんです。それで「わかった」といって一緒に出かけます。

商店街に行くのですが、いつもいくお店はだいたい決まっています。

いつものお肉屋さんに行って魚屋さんに行って、いつもの八百屋さんに行って……八百屋さんのご主人がこれがお喋りの面白い人でですね、このご主人とお母さんが仲が良いもので、いつも八百屋さんの店の前で立ち話が始まる。

始まるとこれがまた話が長いので、そうなると彼はお店の前に停まっている軽トラの、後ろの荷台に腰をかけて、足をブラブラさせながら「まだかな」と待っていたんです。

そうしてお母さんのおしゃべりが終わったら、次の店に行って家に帰るんです。

そんなある日、学校から帰っていつものように部屋にいるのですが、お母さんが買い物に行くよと呼びに来ない。

あれ？　日が沈んでしまうけれど、どうしたんだろうと思っていると、窓の外では日が暮れ暗くなってしまった。

どうしたのかなと部屋から出て、リビングを見てみると電気が点いていない。

家の中が暗い。仄かな外の明るさが残っている部屋の奥で、お母さんが向こうを向いて正座をしているんですよ。

そして、見ると震えている。遠目で見ても、震えているのがわかる。

え？　と思い「お母さん、どうしたの？」と声をかけた。

向こうを向いて正座のまま、震えながら何やらボソボソ言っているように聞こえる。

「お母さん？　ねえお母さん大丈夫？」

近づき、お母さんの横から顔を覗かせると、
お母さんは流れる涙で顔をびしょびしょにしながら、震えて何かを呟いていた。

「わたしを呼ぶ声がする、わ、わ、わたしを呼ぶ声がする、わたしを、わたしを、呼ぶ声がする……」

「お母さん！　どうしたの？　大丈夫？　大丈夫っ？」

あわてて駆け寄るのですが、お母さんは、

「わたしを呼ぶ声がする、わたしを呼ぶ声がする、わたしを呼ぶ声がする……」

とまるで、彼の声が聞こえていないようにつぶやき続けている。

「おかあさんっ！」


彼の叫ぶ声にハッと気がついたように我に返ったお母さんは、目の前の時計を見て、

「あ、こんな時間――どうしよう、お父さんが帰ってくる。お買い物に行かなきゃ」

と外に出かける支度をはじめた。

自分とお母さんしかいないはずの自宅で声がすると言う。しかも呼ぶ声。

どういうことだ。一体何なのだろう。怖いし、気持ちが悪い。

大丈夫なんだろうかと彼は心配に思ったものの、様子は普通に戻っているので、一緒についていつもの商店街に向かいました。

いつものお肉屋さんに行って、いつもの魚屋さんに行って、いつもの八百屋さんに行って――彼はびっくりしました。八百屋さんの前が人だかりになっている。

ちょっとすみません、と様子を見に行くと――。

店先に八百屋のご主人が血塗れで倒れていた。その横に、いつも停めてある軽トラの後ろに車が突っ込んで大破している。

うわあ、事故が起きてる！

その時、お母さんは真っ青になって、手を口にあてたまま呆然としている。そして、

「お祖母ちゃん」

そうつぶやいた。

「そうだ。あの声、私のお祖母ちゃんだ」

お母さん、その時に気づいたんです。

いつもの時間に、いつものようにこの八百屋さんに到着して、いつものように店先でご主人と長話をしていたら――。ご主人と一緒に事故に巻き込まれていたんですよ。

車はご主人をはねたあと軽トラの後ろに突っ込んでいる。いつも座って足をブラブラさせている軽トラのあの荷台にです。

「お祖母ちゃんが私たちを助けてくれたんだ」

そんな経験をしたそうです。

圧巻の怪談を披露する前年度怪談最恐位ぁみ。

第5章

怪談最恐戦投稿部門

怪談最恐戦2019〈投稿部門〉として開かれた怪談マンスリーコンテスト。

毎月のお題に沿った1,000字以内の実話怪談を募集し、その月の最恐賞を選出する。

本書では、2019年の最恐賞12作品のなかから、既刊に未収録の作品を掲載している。

仕事の夢

緒方あきら

最近残業が続き、仕事から帰ったら風呂に入り眠るだけの生活を過ごしている。

そのせいだろうか、私は仕事の夢を見ることが多かった。

その日も、ベッドに横たわると疲れからかすぐにまどろみがやってくる。私は毛布の心地よい温もりに包まれながら、静かに目を閉じた。

無声映画のような、音のない世界。

そのなかで、私はいつもと変わらぬ会社のなかで仕事をしていた。

一切の音が無くなっていることで、これは夢なのだ、と夢を見ながらにして気がつく。

社内を見回すと、いつも穏やかな笑みで席についている部長のデスクに、何かが置かれている。目を凝らしてみると、白い花が挿された花瓶であった。

――部長に何かあったのだろうか？

不安な気持ちのまま机を凝視していると、次第に景色がぼやけていった。

カーテンの隙間から射す朝日で目が覚める。

「縁起でもない夢を見てしまったな」

ため息をついてベッドを出て、顔を洗い朝食を済ませいつものように会社に向かう。

夢の内容が内容だけに、電車のなかでもそわそわしてしまいどうにも落ち着かなかった。

温厚で、笑顔を絶やさないあの部長に何かあったら――。

そんなことを考えると、通いなれた会社への道のりがどうにも遠く感じられた。

満員電車を経て会社に出勤すると、いつもは私よりはやく来ている部長の姿がない。

机のうえには荷物も置かれておらず、まだ出社していないようだ。

はやく部長が来ないかな……。そんなことを考えながら書類を取り出し、仕事の準備を進めて行く。

少しずつ、始業時刻が迫ってきていた。部長はまだ出社してこない。

おかしい。彼はいつも、時間に余裕をもって出社してきていたというのに。

まさかあれは正夢で、部長は……。

そう思った時、不意に強い力で肩を掴まれた。

振り返ると、今まで見たこともない冷たい表情をした部長が後ろに立っていた。

「勝手に殺すなよ」

腹の奥まで響くような低い声。私はめまいを覚え、目を伏せて額に手のひらを当てた。

顔をあげると、真後ろにいたはずの部長の姿がない。辺りを見回すと、部長はいつも通りの穏やかな笑みで自分のデスクの椅子に腰かけていた。

あの日から、私は部長が恐ろしくて仕方がない。

どうしても、あの冷たい表情と深く沈んだ声を思い出してしまうのだ。

一月　正月に纏わる怖い話　最恐賞

一幡様

緒方あきら

友人のYは、あることがきっかけで正月の三社参りをやめた。

三社参りとは西日本の各地にある風習で、正月の初詣に三つの神社を詣でることだ。特に参拝する神社の順番は定められていない。

しかし、Yの地元では『一幡様《いちまん》』と呼ばれる、一番最初に訪れなくてはいけないと言われている神社があった。一幡様という呼び名は正式なものではなく、最初に行かねばならない場所としてその地域でつけられた通称だという。

ここに祀られている神様は誇りが高く気難しくて、よその神を嫌う。そして、最初に自分のところに来なかった者には不幸を呼び寄せるというのだ。

Yはかつて、好奇心から一幡様を避けてよその神社を二か所参り、最後に一幡様のところに行ったことがあるらしい。

鳥居をくぐって拝殿に入り、賽銭を投げ入れて鈴を鳴らした。するとと、聞きなれたカランカランと軽やかな鈴の音は鳴らず、代わりに耳元でけたたましい金属の音が鳴り響いたという。

Yが慌てて周囲を見回しても異変はなく、また参拝客も音に気付いた様子はない。自分の聞き間違いかと思い直したYは、そのまま一礼して神社を後にした。

おかしな音を聞いたせいか、帰り道はどうにも気分が優れない。

「妙なことはしないに限るな、なんて思っていたんだけどさ」

もやもやとした気持ちで家路を急いでいたYが、不意に背後から声をかけられた。

「おーい、Y！」

誰かは思い出せないが、確かに聞き覚えがある声だったらしい。名前を呼ばれたYは足を止め振り返ったが、そこに見知った顔はなかった。

——今日はおかしなことばかり起きる。

そんなことを思って再び歩き出そうとした瞬間、すぐ横の工事現場の足場が崩れ、組まれていた金属のパイプや板がYの眼前に雪崩《なだれ》のように落下した。

「もしも名前を呼ばれていなかったら、間違いなく下敷きになっていただろうな」

Yが耳に手を当てて、俯きながら言った。

「目の前の足場が崩れる音が、そっくりだったんだ。一幡様のとこの、耳元で響いた奇妙な鈴の音にさ……」

それっきりYは三社参りをやめ、一幡様に足を踏み入れることもないという。

あの神社がいったい何を祀っているのかは、未だにわからないのだそうだ。

オーバーラン

鈴木　捧

私の母校のN高校は海岸沿いという立地にあって、風光明媚《めいび》なんて言えば聞こえは良いのだが、少し時を遡れば柄の悪さで知られた高校であった。

聞けば当時はバイクが廊下を走っていたというから驚きである。

そんな話は同校の二十年以上の大先輩にあたるRさんに聞いたのだが、その流れでこんな話も語ってくれた。


Rさんが在校していた当時は暴走族の全盛期であり、N高校でもこれに参加する者がいて問題になっていた。

この地域での「族」の一大イベントと言えば「初日の出暴走」である。

大晦日の夜更けに海岸沿いの道路を走り、そのまま水平線から昇る初日の出を拝む。

バイクに詳しいＲさんは、加わりこそしないが、参加する者たちと面識も交流もあった。

その年の元旦、Ｒさんは日の出を拝んだあとの「族」の面々と初詣で合流することになった。

まだ早朝で、神社の境内は静かだ。新年の挨拶を簡単に済ませ、話を聞く。

「今年はポリだらけでさ、マジでヤバかったよ」

「警察沙汰でよく全員無事だったな」

そう返すと、あらかじめ日の出を拝むポイントを待ち合わせ場所として、バラバラに分かれて走った、と教えてくれた。

朝のうちにその場はお開きとなったが、帰ってから家に電話があった。

「Ｂの兄貴から、Ｂが帰ってないって連絡があってさ、そっちには行ってないよな？」

先ほど初詣がてら話し込んだＹだった。ＲさんとＹ、Ｂは親友という間柄である。

二人とも、Ｂとは神社を出るときに別れたのを憶えている。

結局、事態が進んだのはその日の夕方になってからだった。

Bは遺体で見つかった。

バイク事故で、海岸沿いの防砂林の中に転がっていた。

この近辺の旧道は一車線で狭く、両脇の防砂林の手入れも行き届いていない。ここで走行中、木の枝に体を引っ掛けた、ということのようだ。

Bの兄に言われ事情聴取と遺体の確認に行ったYいわく、Bは「絞った雑巾のような状態」で見る影もなかったそうだ。


後から奇妙なことが分かった。調べるとBが亡くなったのは大晦日の深夜……つまり「初日の出暴走」の最中だという。

その話はYから聞いた。

「いや、初詣で一緒にいただろ」

「俺もあの時のBを思い出そうとするんだけど、もう、雑巾みたいになったあいつしか思い出せないんだ。あの時一緒にいたのも…」

Rさんも記憶を辿ってみて、愕然とした。

　ただズタズタの、Bだったと思しきものと一緒に初詣をしたイメージだけが浮かんだそうだ。

鬼

鈴木　捧

三十代半ばの女性Nさんは、九歳のときの節分のことが忘れられないそうだ。

「鬼は、そと――っ。鬼は、そと――っ」

格子柄のセーターに厚紙の面で鬼に扮した父親を、節分豆をぶつけながらじりじりと家の玄関ドアへ追いやっていく。

当時Nさんはマンションの五階に住んでいた。家の構造は、入り口から入るとすぐ廊下がL字に折れ曲がり、父の書斎やバスルームへの扉を横目にリビングへと続く、という形である。

Nさんとふたつ下の妹は、そのL字を曲がり、入り口ドアまで父親扮する鬼を追いやった。「いてっ、いててーっ」と言いながら父親が後ろ手にドアを開け、家の外へと出ていった。バタンとドアが閉まると、不思議な達成感があり、妹と顔を見合わせて笑った。

と、ドアが唐突に開いて、父親が玄関に戻って来た。鬼の面をつけたままだが、相撲取りのような中腰の姿勢を解いて、腕をぶらりと下げ、まっすぐ立っている。しらけたような空気で、無言のままだ。

ふと父親が面を頭上にずらして外した。

禿げ頭の、知らないおじさんだった。

おじさんは悲しげな表情で目を充血させ、わなわなと口元を震わせている。紅潮した顔で、無言のままNさんと妹の二人を見つめていた。

服装は先ほどまでのお父さんと同じだ。わけが分からずポカンとしていると、おじさんがズボンのポケットに手を入れた。手を引き出すと、そこにはプラモデルを作る時に使うようなニッパーが握られていた。

何か分からないがこれはまずい状況だと思い、リビングにいる母親を大声で呼んだ。

「お母さん！　お母さ――んっ！」

ただならぬ様子を感じたのか母親が少し駆け足気味にやって来ると、Nさんは「あれ！」とおじさんのほうを指差した。

誰もいない。

ドアを開けた気配も感じなかった。

それからのことをNさんはあまり憶えていない。

ただ、家の廊下や玄関に落ちた節分豆は数日そのままだった気がするという。

そんなことがあれば事件になりそうなものだし、子供の頃のことだから夢か何かと勘違いしているのではないかと訊くと、Nさんは、今でも妹とはその時の話をすることがあるんだけど、と前置きしてこう言った。

「お父さん、あれ以来、いなくなっちゃったんだよね」

現在Nさんと妹は別々の町で一人暮らしをしていて、母親は老いた両親と暮らしている。

今でも年に一度は実家に帰るが、なぜかとても気まずくて母親にはその時のことを訊けないという。

三月　傷に纏わる怖い話　最恐賞

血の契り

音隣宗二

Sさんの手のひらには、一文字の傷がある。

中学生ころ、SさんにはRとTという親友がいた。河川敷でひたすら話したり、廃墟に潜り込んで、家からくすねた酒や、タバコをやっていた。悪ぶりたい年頃だったのだ。ある日、Sさんはテレビ放送のマフィア映画で「血の契り」という描写を見た。義兄弟になるべく、手のひらにナイフで傷を入れ握手をして互いの血を交換する――というものだった。

「カッコイイ」悪ぶっていたSさんはそう思った。

次の日、RとTに映画の話をすると二人も見たらしく、やってみようという話になった。

放課後、よく潜り込んでいる廃墟に集合した。調達したナイフで、Sさんは手のひらに傷を入れる。思ったより血が出て驚いたが、後には引けない。RとTもそれに倣い、それぞれが二人としっかり握手をした。出来たての傷がジンジンと痛んだが、「これで俺たちは義兄弟だ！」と盛り上がったらしい。

しかし、中学を卒業後は皆が違う高校に進学し、三人で会える機会は減っていった。大学の頃にはすっかり疎遠となり、痕は残ったが傷はすっかり塞がっていた。

それから数年後、Sさんは社会人となり忙しい日々を送っていた。その日、打ち合わせからの帰りに喫茶店で休憩していると、持っていたマグカップに血がべったり付いていることに気がついた。手のひらを見ると、あの時の傷が大きく開いている。

「十年以上前の傷なのに……」

その矢先、実家の母から着信があった。Rが交通事故で重傷を負い病院に運ばれたという連絡だった。

数日後、Sさんは地元に戻り、Rさんの葬式に出席していた。

「Sか？」

声をかけられて振り向くと立っていたのはＴだった。懐かしさがこみ上げ近づくと、彼の手には包帯が巻かれていた。ＴもＳさんの手の包帯に気づいたようだった。まさかとは思いつつ確かめると、Ｔの傷から出血したのもＳさんと同時刻。それは丁度、Ｒが救命に運ばれ、治療をうけていた時だった。

精進落としの時、Ｒの仕事の後輩から「先輩は酔うとよく楽しそうに中学の頃の親友二人の話をしてました。」と教えられた。

傷は今でも時々開く。だが、月命日とかでは無いらしく。

「不思議なことに、落ち込んだり、参ったりするときに急に開くんですよ。Ｔもそうみたいです。Ｒは発破かけてるつもりかもしれませんけど、服とか物が汚れて、良い迷惑ですよ」

口ではそう言いつつも、Ｓさんは笑顔だった。

製本屋

鬼志　仁

都内で製本屋をやっているEさんから聞いた話。

「出版不況で仕事が減って困っていたんです。で、あんな仕事を受けてしまって……。悔やんでも悔やみきれないです」


数年前、Eさんはホームページを作って個人からの注文を受けるようになった。

「一冊単位で作りますって謳《うた》ったら、ちょこちょこ仕事が来るようになりましてね。自伝や同人誌、結婚式の引き出物用とか。ただ、手間が掛かる割には儲からなくて」


そんな時、メールで注文が来た。原稿が添付されていて、文庫本一冊くらいのボリュームだったという。発注者は三十代の女性だった。

「添付ファイルを開いてみると、縦書きで、自分を捨てた男への恨み辛みが延々と書かれていたんです。いつもならお断りするんですが、規定の倍払うと言うし……。ちょうど、うちの娘がシングルマザーで出産を控えていまして何かと物入りだったので、つい受けてしまったんです」

希望部数はたったの二冊。男に送り付けるつもりなのは分かっていたが、仕事だとEさんは割り切った。

その後、Eさんがそういう本を出してくれるという噂が広まったらしく、コンスタントにそっちの仕事（Eさんは『裏の仕事』と呼んでいた）が来るようになった。

「裏の仕事のお蔭で業績が改善して、生活に余裕が生まれました。あの頃が一番良かった時期だったんですよ」

ある日、二十代の女・Rから裏の仕事が来た。自分の恋人を奪い結婚した女への恨みが、四百字詰め原稿用紙二百枚ぐらいの量で書かれていたという。

「添付ファイルに自分で描いたと思われるイラストまでありました。相手の女性の手足がバラバラになった絵や、首から派手に血がふき出している絵とか……」

ただ発注部数が変だった。

「二一九部。どうしてこんなに中途半端な数字なんだろうと思いましたけど、規定の三倍払うと言われたので受けたんです」

　完成した本を送ってから数週間後、Ｅさんのもとに刑事が訪ねて来た。

「Ｒは恋人を奪った女が妊娠したと知ると、あの本を毎日、相手の家の郵便受けに入れていたんです。そうやってプレッシャーを与え続けて流産させるつもりだったんです。二一九は出産予定日までの日数だったというわけですよ。結局、悲劇が起きる前に、警察に捕まりましたけど」

　Ｅさんはそれ以来、裏の仕事は一切していないという。

「Ｒの事件の直後に、娘が出産のため入院している病院から、死産だったと連絡があって。背筋に冷たいものが走りましたよ」

七月　子供に纏わる怖い話　最恐賞

黒い影

緒方あきら

Ａさんは夜ごと奇妙な悪夢に悩まされていた。

夢の中でベッドで横になっている自分に、不可解な足音が近づいてくるのである。

その夢は連日見続けるそうで、ある日迫っていた足音が止みＡさんの部屋のドアが開けられた。


ドアの向こうから顔を覗かせたのは、黒い影だけの小さな子供であった。

部屋に入ってきた影が、Ａさんの体のうえにのったところで目が覚める。

翌日の夢のなかでは、Ａさんの体のうえに子供がはしゃぐように立っていた。

重苦しさに手で払おうとするも、すり抜けてしまい、どうすることも出来ない。

「キィ」「ヒィ」

黒い影は言葉にならない声を発しながら、Aさんをあざ笑うかのように彼女の体のうえで遊んでいる。

歯を食いしばって力を込めてみても、身じろぎひとつ出来ない。

そしてどこからかもうひとつ、黒い影の子供が近寄ってきた。

ふたつの黒い影。

Aさんの脳裏に、かつて亡くしたお腹の中にいた子供たちのことがよぎったという。


――ああ、この影は私の子供なんだ。


頭の片隅にはそんな馬鹿なという思いもあったが、夢のなかのAさんは何故か腑に落ちたのだという。

ジリジリと寄ってくる。逃げられない。

もうひとつの影も、Aさんの体のうえにのってきた。どうしても、影を振り払えない。

思うように体が動かないのに、意識だけは妙にはっきりしている。

そんな夢を見る日が一週間ほど続いた。

Aさんの体重はすっかり減ってしまい、頻繁に立ち眩みを起こすようになった。

どうしても眠ることが出来なくなり、ある日お酒を大量に飲んで無理やり睡眠の淵に落ちた。

虚《うつ》ろな夢のなかで、Aさんは黒い霧のなかにたたずんでいる。

手探りで歩くと、霧の奥にふたつの黒い影を連れた目も鼻もない老人が立っていた。

「この子たちを育ててくれてありがとう」

しゃがれた声でそう言い残して、大量の荷物を風呂敷に包んで背負った老人が消えた。

老人を追うようにして、ふたつの黒い影も霧の向こうへ消えていく。

闇の中に沈んでいく感覚とともに、真夜中に目を覚ます。全身を嫌な汗が包み込んでいた。

それっきり、黒い影の夢は見なくなったのだという。

「でもね。今も体重が減り続けているの」

Aさんはやつれた顔で、弱々しく言って笑った。

十月　恋に纏わる怖い話　最恐賞

二人目の彼女

鈴木捧

Ｙさんは、今の彼女が初めての彼女なのか、二人目の彼女なのか、分からないという。

「正直、見た目からでしたね」

黒髪に眼鏡の似合う聡明そうな女性、と説明してくれた。

出会いはマッチングアプリで、何度か食事をし、相手の方から告白されて、付きあうことになった。

彼女は意外にもアウトドアが趣味で、ならばとＹさんから山登りデートに誘った。

数時間の険しい登りを経て、樹林帯が途切れた先に地平線のように空が広がってくる。

稜線だ。

待ちに待った絶景の予感に、隣の彼女のペースが上がる。

Yさんは一番乗りを譲るような気持ちで、彼女の後ろ姿を見守った。

彼女が先行してからほんの二、三分後、Yさんも稜線上に上がった。

ところが、彼女の姿がない。

左右は開けた一本道が延びている。先に進んでいても背中は見えるはずだ。

稜線の向こう側にはゆるやかな斜面が広がっている。万が一にも、滑落ということはなさそうだ。

しかし、結局彼女が見つかることはなかったのである。


「事件になると思うじゃないですか？　でも、何もなかったんですね」

家族の連絡先は分からない。

危険はないと思って、登山届も出さなかった。

思えば、彼女のことなど、自分はほとんど何も知らないのだと気付いた。

何か虚しく思えて、ひとり下山したあとは、警察に相談することもしなかった。メッセージアプリの会話ログも、一緒に撮った写真も消してしまった。

一年以上前のことだそうだ。


話を聞く限り怪談というより事故の話で、「厄介事」かもしれないと思った私に、Yさんが続けた。

「でも、また会いました。再会、なのかは分からないですが」


職場の同僚が設けた飲み会だったそうだ。

そのときまで目に入らなかったのも妙なのだが、何度か席を移動していくうち、隣に座ったのが彼女だったというのだ。

黒髪も眼鏡も変わらない、あのときのままの彼女だったが、はじめまして、と挨拶された。

「もしかしてどこかで会った？」なんてセリフは気恥ずかしくて言えないが、まるで見知った仲のように会話が弾んだ。

その日の最後には連絡先を交換して、今度は、Yさんから告白した。

「以前の彼女」との写真は携帯からも全部消してしまっていたが、クラウドにバックアップが残っていた。

そこにはやはり彼女がいた。

「ただ、引っかかることがあって」

最近、一人で山を登る夢をよく見るが、そこでYさんはずっと誰かを探している。

いまも、見つからないまま目が覚めるのだそうだ。

十一月　服に纏わる怖い話

ワンピースとおじさん

舘松 妙

Y子さんが高校に入学したときのこと。

式用のワンピースを街一番の老舗デパートで奮発して買ってもらった。細かなガンクラブチェックの、生地もデザインも一目で上等と判る服。

当日うきうきと式に出たY子さんだが、式後のクラス分けで指定された教室にてどん底の気分を味わうことになる。

なんと自分のものと全く同じワンピースを着用した女子がいたのだ。

Y子さんより背が高く、色白でおとなしそうな女の子。

やがて教室の新クラスメイトたちも「おや？」と気づき始めた。忍び笑いを漏らす者やあからさまに指摘してくる者。Y子さんは「ファッションかぶり」が恥ずかしく腹立たしくてたまらなかったが、対する同じワンピの彼女は平気そうだった。

結局お揃いのワンピースで記念のクラス写真に納まった二人は真逆の表情で写っていた。彼女はニッコリ、Y子さんは……。

「サイアク」

出来上がった写真を一瞥しただけでY子さんはそれをしまい込んだ。

月日は流れ、卒業式の日。その後はクラスが離れていたお揃いの彼女と、ふと目が合った。彼女が駆け寄ってきて言った。

「お互い卒業おめでとう。私たち入学式のワンピースが同じだったこと覚えてる？」

「もちろん！　むちゃくちゃ恥ずかしかったわよ。でも貴女は平気そうだったよね」

そうY子さんが返すと、彼女は笑って言った。

「まあそりゃ恥ずかしかったよ。ところで、あのクラス写真の端っこに背中を向けたおじさんが写りこんでいたのに気づいてた？」

「ううん、全然」

「あるときね、そのおじさんが校内で話しかけてきたの。『あなた、入学式でチェックの素敵なワンピースを着ていた子だね。わたしはあのお洋服が好きでねえ。お嬢さんに見とれていたんだよ』って。あのぉ同じ服着た子が同じクラスにいたんですけど、て言ったら『その子は何だか不貞腐《ふてくさ》れてたから、私はお嬢さんを気に入ったんだよ』て言われたの。羨ましくない？」

「うん、おじさんだったらいいや」

そう笑いあってバイバイした。

数年後、高校の同級生宅を訪れていたY子さんは昔の写真を見せてもらう中で、あの写真を見つけた。しかし、おじさんなど写っていない。件の話を同級生にすると、彼女は表情を曇らせて言った。

「あの子、今行方不明になってるの。いなくなる前に『入学式の服のせいでおじさんに付きまとわれて怖い』って意味不明なことを言ってたらしいわ」

Y子さんは、実家のどこかにあるはずの、あの写真を今後も見るまいと思った。

十二月　墓に纏わる怖い話

行き着く

井川林檎

この分譲地はもとは田んぼだった。どんなに晴れた日でも、常にじめついているのはそのせいだ。

団地はそろそろ空き家が目立つようになった。あちこちで「売家」の看板が立っている。うちの隣も長い間空き家だったが、半年前に「売家」の札が立った。

ある日帰宅すると、妻が、ついに隣に人が越して来たわよと言った。

新たな住人は中年男性の一人暮らしらしい。職業もよく分からないが、変な時間に出て行って、適当にふらっと戻ってくると妻は言った。

「これ、その人が置いて行ったのよ」

テーブルの上には白いタオルが置いてあった。引っ越しの挨拶に来たようだ。

数日後、たまたま仕事が休みで、天気も良かったので、そのへんを散策していると、チューリップハットをかぶった中肉中背の男が歩いてくるのと出くわした。もしかしたらと思ったら、向こうから挨拶してきたので、この人が越してきた隣人だと判った。

先日はわざわざすいませんと言うと、いえいえよろしくどうぞと頭を下げられる。立ち話をした後、なんとなく並んで一緒に散歩をした。

「越してきて五日目ですがね、毎日のようにウォーキングしているのですが、どういうわけか、必ず道に迷って、墓地に行きついてしまうんです」

と、K氏は言った。

墓地なんかこのへんにあったかなとわたしは思ったが、K氏がにこにこと喋るので、こちらも愛想よく頷いた。

その日の晩、妻にこのへんに墓地はあったかと聞いたら、変な顔をされた。やあね、墓地なんかないわよ何年ここに住んでるのよと妻は言った。

K氏は、ほぼ毎日散歩していたが、いつからか姿を見なくなった。夜になっても、K氏宅には明かりがつかない。

半年ほど過ぎたある日、また隣家に「売家」の札が立った。

隣家は古いが手ごろな平屋建てである。仲介業者に連れられて、三日に一度くらいは人が見にきているようだった。

そして昨日、妻から、どうやらまた隣家に新しく人が越してくるらしいと聞かされた。

「どうなっているのかしら」

と、食事を温めてくれながら妻は、なにげなく言った。

わたしは何故か、K氏から聞いた、散歩中にどうしても行きついてしまうという墓地のことが気になってしょうがない。

ごまだんご

YouTubeにて怪談を主としたオカルトな話を朗読。YouTubeチャンネル登録者数は7万人を突破。オカルト話投稿サイト「HORROR HOLIC SCHOOL」を設立、運営。

小森（こもり）

怪談師。化け猫怪談会主宰。朗読動画の配信、各地の怪談会への出演をこなすほか、自身で怪談イベントのプロデュースも行う。

悠遠かなた（ゆうえん・かなた）

福岡県出身。1980年11月11日生まれの39歳。ニコ生、YouTubeを始めて約10年のオカルトYouTuber。東京予選会は2年連続の出場。

夜馬裕（やまゆう）

相方・インディと怪談師コンビ・ゴールデン街ホラーズを結成。カクヨム異聞選集コンテスト大賞。第7回幽怪談実話コンテスト優秀賞。話数の豊富さと、練られた構成の怪談には自信がある。共著に2020年2月刊の『高崎怪談会 東国百鬼譚』がある。

鏡太郎（きょうたろう）

YouTuber。趣味でネット怪談を音読する動画をYouTubeに投稿。怪談好きのオフ会やTwitterにて怖い話・不思議な出来事を蒐集し、許可を得たものを別の怪談会や自身のYouTubeチャンネルにて紹介。

シークエンスはやとも

1991年7月8日、東京生まれ。幼少期から父親譲りの霊感を持ち、周りとは違う景色の中生きる。見えるだけで、他人が羨むような理想の能力は何一つとして身につけていない。一生の夢は霊感を無くすこと。

石野桜子（いしの・さくらこ）

元・吉本興業所属の女性ピン芸人。精神疾患の為一時期閉鎖病棟へ入院していたが2011年認知行動療法により10年ぶりの芸人復帰を果たす。2019年『OKOWA』準優勝。

旭堂南湖（きょくどう・なんこ）

講談師。伝統話芸の講談界から参戦。「十三で十三日の怪談会」を主催。東大阪でのひら怪談優秀賞受賞。OKOWA、怪談グランプリ出場を経て、満を持して怪談最恐戦に挑戦。

下駄華緒（げた・はなお）

2018年、バンド「ぼくたちのいるところ。」のベーシストとしてユニバーサルミュージックよりデビュー。前職の火葬場職員、葬儀屋の経験を生かし怪談師としても全国を駆け回る。怪談最恐戦2019怪談最恐位。竹書房公式noteにて「下駄華緒の弔い人奇譚」連載中。

壱夜（いちや）

ネットで怪談朗読を始めて足掛け10年。2018年から実話怪談語りにも着手し、2019年は東京・大阪・愛知・福岡・札幌で怪談イベントを主催。怪談最恐戦2019準優勝。

匠平（しょうへい）

日本初の怪談ライブバー・スリラーナイト専属怪談師。怪談師としてデビューしてから、これまで7200ステージ以上怪談を語っている。東京予選会2年連続出場。

あみ

山口県出身。怪談最恐位「怪凰」の称号をもつ怪談家。MC、作家、脚本、演出、原作、ナレーションなどを手掛けマルチに活躍中。数々の番組やイベントで優勝。日本最大級の怪談エンタメLIVE「ありがとうぁみの渋谷怪談夜会」をO-EASTにて主宰。著書に『レイワ怪談 新月の章』『レイワ怪談 半月の章』『レイワ怪談 三日月の章』など、共著に『現代怪談 地獄めぐり 無間』。YouTube「怪談ぁみ語」毎週月金更新中。

緒方あきら（おがた・あきら）

短編小説やシナリオを手掛けるライター。趣味は怪談蒐集と映画鑑賞。なぜか怪談集と児童書に著作が掲載されることが多い。気ままに短編ばかり書いているものの、単独著作を悲願としている。共著に『稲川淳二の怪談冬フェス〜幽宴二〇一八』、『怪談四十九夜 茶毘』など。

鈴木捧（すずき・ささぐ）

山羊座のA型。ここ数年で印象深かった体験は、屋久島の大王杉を見たことと、竜神大吊橋のバンジージャンプ。趣味は山登りと映画鑑賞。

音隣宗二（おとなり・そうじ）

東京都出身。趣味は映画鑑賞。平均身長、平均体重。プロフィールに悩むほどにこれといった特徴がない。毎年、夏場は金縛りにあう。今でも目は開けられない。

鬼志仁（きし・ひとし）

あの犬鳴トンネルのある福岡県出身のライター。怖い話系の漫画の原作などを執筆。趣味は昔のホラー映画の発掘と鑑賞、スティーヴン・キングの全作品の読破。

舘松妙（たてまつ・たえ）

京都市生まれ。京都検定1級。大学事務＋無給の研究員という二足の草鞋生活を送っている。最近のひそかな愉しみは、知られざる近隣の心霊スポットを発見すること。共著に『稲川淳二の怪談冬フェス〜幽宴二〇一八』、『京都怪談 神隠し』など。

井川林檎（いかわ・りんご）

介護福祉士。今、自分に見えているものは、ほんの一部に過ぎない。現象の奥深くに蠢くなにかを、微かでもいいから感じてみたいのです。

怪談最恐戦2019

2020年4月4日　初版第1刷発行

編者　怪談最恐戦実行委員会
発行人　後藤明信
発行所　株式会社 竹書房
〒102-0072 東京都千代田区飯田橋2-7-3
電話03(3264)1576(代表)
電話03(3234)6208(編集)
http://www.takeshobo.co.jp
印刷所　中央精版印刷株式会社

定価はカバーに表示しています。
落丁・乱丁本の場合は竹書房までお問い合わせください。

ISBN978-4-8019-2219-8 C0193